ANTONIO FAJARDO NAVARRO

Conectados, pero con cabeza

Guía práctica parda que adolescentes, familias y educadores/as cuiden su identidad y reputación digital

First edition

This book was professionally typeset on Reedsy.
Find out more at reedsy.com

Contents

1

Introducción del autor

Mi nombre en internet es **CrookedSpaniard**, un seudónimo que me acompaña desde hace años en redes sociales, proyectos educativos y experimentos tecnológicos de hora muy poco prudente. Es un nombre que ya tiene vida propia: aparece en mis podcasts, en mis cursos, en conversaciones con alumnos... y, según mis hijos, en más pantallas de las que sería socialmente aceptable.

Vivimos en una época fascinante, y un poco agotadora, en la que nuestra **imagen digital** y nuestra **huella digital** valen casi tanto como nuestro DNI... y, seamos sinceros, a veces incluso más. Antes podías tener un mal día, hacer el ridículo y confiar en que nadie lo recordaría. Ahora haces el ridículo y **tu mal día tiene 4K, subtítulos automáticos y algoritmo que lo impulsa en TikTok**.

Este libro nace de una mezcla de experiencia como docente, responsable de innovación, padre y eterno estudiante del mundo digital. A lo largo de los años he visto lo mejor y lo peor del comportamiento online: desde adolescentes brillantemente creativos que construyen identidades digitales increíbles, hasta otros que aprenden (a veces tarde) que publicar algo "solo para amigos" no es tan "solo para amigos".

Y en medio de todo esto están **las familias y el profesorado**, que intentan acompañar sin invadir, orientar sin agobiar y proteger sin caer en el modo "CSI versión parental".

Si te preocupa la seguridad, la reputación o el futuro digital de tus hijos o alumnos... si alguna vez has pensado "¿y si lo que sube hoy le afecta mañana?", o si simplemente quieres entender este mundo sin volverte loco: este libro es para ti. También si eres un adolescente, de verdad, de la buena...

Aquí encontrarás:

- Explicaciones claras sin tecnicismos innecesarios.
- Humor (porque sin humor, internet se hace largo).
- Consejos prácticos para aplicar en casa y en el aula.
- Ejemplos reales que te sonarán demasiado.
- Y una idea central: **crear una huella digital positiva es posible... y acompañar en ese proceso también**.

No necesitas ser experto en redes sociales, ni haber tenido Tuenti (DEP), ni saber lo que es un algoritmo. Solo necesitas algo que ya tienes: **ganas de entender y ayudar**.

Así que respira, abre la mente (como Neo de Matrix... hay que ver la película) y prepárate para mirar el mundo digital con otros ojos. Idealmente, con los tuyos... no con los del vecino, que también tiene Instagram.

Advertencia. Vas a ver varios conceptos como la definición de identidad y reputación digital repetidos en varios capítulos, no pienses que es un "deja vú" o un fallo en Matrix (de nuevo, tienes que verla) es que están relacionados con el capítulo en cuestión así es que, te pido disculpas por adelantado pero pienso que es necesario.

2

El mundo digital en el que vivimos: manual de supervivencia moderno

Bienvenidos a la jungla digital (no tan peligrosa, pero sí algo caótica)

Si alguien hubiese dicho en los años 90 que un día podríamos mandar fotos de la cena a miles de personas en un segundo, pedir comida sin hablar con nadie, o que tu nevera podría recomendarte recetas... probablemente habríamos pensado que exageraba. Y, sin embargo, aquí estamos: viviendo en una mezcla entre ciencia ficción y costumbre cotidiana.

El mundo digital se ha infiltrado en absolutamente todo: en el colegio, en el trabajo, en la comunicación, en las relaciones, en el ocio, en los hobbies... e incluso en la forma de discutir (y reconciliarnos). Pero lo más interesante no es cuánto usamos la tecnología, sino **cómo la usamos sin darnos cuenta**.

Este capítulo es un mapa básico para entender el terreno. No pretende asustar a nadie ni demonizar pantallas. Prometo: *no habrá alarmismos, ni discursos de "en mis tiempos", ni nostalgia por los Nokia indestructibles.* Bueno, quizá un poquito de nostalgia sí, pero solo por motivos científicos.

Vamos allá.

1.1. ¿Por qué Internet no viene con instrucciones?

Hay objetos tan peligrosos como una simple grapadora que vienen con un manual de seguridad de veinte páginas, dibujos incluidos. Y sin embargo, Internet, que puede cambiar una vida para bien o para mal en cuestión de minutos, **llega sin instrucciones de uso**. Ni folleto, ni advertencias, ni el clásico "no meter los dedos aquí". Nada.

Y aun así, no existe una guía oficial que te explique:

- Cuándo es buena idea publicar (spoiler: rara vez coincide con estar muy enfadado),
- Qué compartir sin remordimientos,
- Qué no compartir jamás, ni aunque lo pida tu mejor amigo,
- Cómo interpretar un comentario sin asumir automáticamente que te odian,
- Cuándo desconfiar (respuesta breve: más a menudo de lo que crees),
- Cómo todo esto moldea tu identidad real, aunque tú no se lo hayas pedido.

A la mayoría nos lanzaron a la piscina digital con una frase que debería venir acompañada de un asterisco gigante: *"Es muy intuitivo, ya verás."* Asterisco que, por supuesto, nunca nadie explica. Porque sí, es intuitivo hasta que aparecen tres iconos nuevos, un menú que se ha movido misteriosamente y un botón que antes no estaba, y de repente te encuentras dudando de tus propias capacidades básicas.

Los adolescentes crecen aquí como peces en el agua, sí, pero eso no significa que sepan nadar con técnica depurada. Muchos simplemente flotan como pueden. Y los adultos… hacemos auténticos malabares entre notificaciones, ventanas emergentes y la eterna pregunta de "¿pero esto dónde se guarda?", una frase que ya debería venir preinstalada en cualquier teléfono de más de 30 años.

En resumen: **Internet no trae instrucciones**, así que este libro aspira, con toda la humildad del mundo, a ser el manual de usuario que nunca vino en la caja.

1.2. La vida conectada: luces, sombras y pantallas

Internet es un lugar maravilloso... y también un sitio capaz de generar dolores de cabeza existenciales.

Aquí van sus luces, explicadas con un poco más de detalle para que no parezcan simples viñetas de un folleto tecnológico:

- **Acceso infinito a información.** Esto suena maravilloso hasta que descubres que "infinito" significa exactamente eso: puedes buscar una receta de tortilla y acabar leyendo sobre cómo construyen casas los castores. Internet es una biblioteca gigantesca, abierta 24/7 y sin bibliotecario que te diga "shhhh", pero requiere saber filtrar para no perderse.
- **Creatividad sin límites.** Antes, si querías ser creativo, necesitabas cartulina, rotuladores y un adulto que te llevara a por más cartulina porque la habías cortado mal. Ahora basta con un móvil. Los adolescentes crean música, editan vídeos, diseñan, dibujan, programan, inventan tendencias... a veces sin levantarse del sofá. Es una explosión creativa maravillosa, aunque también puede generar la sensación de "si no creo algo cada día, no soy nadie".
- **Amistades nuevas.** Las redes han ampliado el concepto

de "hacer amigos". Ahora puedes tener un mejor amigo en otra ciudad, un grupo de gente que comparte tu rareza favorita o una comunidad que te entiende más que tu clase entera. Eso sí: también implica aprender a diferenciar entre amistad real y "este usuario interactúa conmigo porque el algoritmo quiere".

- **Aprendizaje dinámico.** Si un adolescente quiere aprender a tocar el ukelele, arreglar una bici o entender matemáticas, lo puede hacer *ya*. No cuando empiece el curso, no cuando alguien tenga tiempo: ahora mismo. Internet es una academia infinita donde los profesores nunca duermen y los tutoriales duran lo que dura tu paciencia.
- **Oportunidades increíbles.** Desde crear un portfolio artístico hasta conocer a alguien que pueda abrirte puertas, Internet es una fábrica de oportunidades. Eso sí, para encontrarlas hay que aprender a ignorar todas las puertas falsas que se abren antes.

Y aquí van sus sombras, explicadas con un poquito más de honestidad (y realismo digital):

- **Comparaciones constantes.** Porque da igual lo bien que te vaya, siempre aparecerá alguien que ha viajado más, tiene mejor luz en las fotos o acaba de lograr algo increíble mientras tú estás en pijama comiendo cereales. Internet es un escaparate donde todos enseñan lo mejor... y uno compara su "detrás de cámaras" con el "primer plano" de los demás. Mala combinación.
- **Presión social.** Likes, comentarios, seguidores, lista de mejores amigos, ritmo de publicaciones... Los adolescentes sienten que hay un manual invisible que dicta cómo deben

comportarse online. Nadie sabe quién lo escribió, pero todos creen que existe.

- **Desinformación a velocidad ultrasónica.** Antes un rumor tardaba días en extenderse; ahora tarda 30 segundos y un retuit. La información falsa viaja más rápido que la real porque suele ser más emocionante. Es el equivalente digital del "me lo contó el primo del vecino del amigo": rápido, fácil y peligrosamente convincente.
- **Riesgos de privacidad.** Cada clic, cada permiso, cada "acepto todo porque tengo prisa" deja una puerta abierta. No pasa nada... hasta que pasa. Es como caminar por casa encendiendo luces sin fijarte si dejas alguna ventana abierta.
- **El clásico "me metí a mirar un vídeo y ahora han pasado dos horas".** El tiempo en Internet no funciona igual que en el mundo real. En Internet, cinco minutos equivalen a una excursión completa por el algoritmo. Es lo más parecido a un agujero negro cotidiano: entras mirando un vídeo y sales preguntándote si todavía es el mismo día.

Nada es completamente bueno ni completamente malo. Internet es una herramienta, y como tal, **todo depende de cómo la usamos**.

Un martillo sirve para construir una casa o para destrozar un pulgar. Es la misma herramienta.

Con el mundo digital ocurre exactamente igual.

Nada es completamente bueno ni completamente malo. Internet es una herramienta, y como tal, **todo depende de cómo la usamos**.

Un martillo sirve para construir una casa o para destrozar un pulgar. Es la misma herramienta.

Con el mundo digital ocurre exactamente igual.

1.3. ¿Qué hacen realmente los adolescentes online?

Pregunta frecuente entre familias: "¿Qué hacen TANTO rato ahí metidos?"

Respuesta corta: **viven**. Respuesta larga: depende del día, del humor, del algoritmo y del wifi.

Algunas actividades habituales:

- Mantener amistades (sí, WhatsApp cuenta).
- Expresar emociones que quizá fuera de la red no saben verbalizar.
- Buscar comunidad: gamers, bailarines, artistas...
- Aprender cosas que no se enseñan en clase.
- Desconectar del estrés.
- Experimentar con su identidad.
- Seguir tendencias que ellos mismos dicen que no siguen.
- Reírse con vídeos absurdos (actividad universal).

Y sí, también procrastinar... pero digámoslo de forma más clara: procrastinar es *dejar para después algo que sabes que deberías hacer ahora*, pero que, misteriosamente, pierde atractivo en cuanto llega el momento de hacerlo. No es pereza total; es más bien una mezcla entre "ahora no me apetece" y "seguro que luego me apetece más", aunque luego tampoco apetezca. Los adolescentes simplemente han llevado esta habilidad al terreno digital: cambian una tarea por un vídeo, un mensaje, un meme o una búsqueda imprescindible como "cómo organizar mi vida en 5 pasos fáciles". Y si existiera una Olimpiada de Procrastinación, los adultos seguiríamos siendo campeones por trayectoria profesional, pero ellos pelearían la medalla con tutoriales, motivación repentina y, por supuesto, un vídeo explicando por qué empezarán mañana.

Para ellos, la red no es "una herramienta", sino **un espacio social** en toda regla. Un lugar donde se relacionan, comentan, opinan, juegan, crean, discuten, se reconcilian y, de vez en cuando, hacen los deberes. Es el gran punto de encuentro de su generación.

Es el nuevo patio del colegio, menos cemento y más píxeles. En lugar de bancos de madera y una portería, hay chats grupales, cuentas privadas, memes compartidos y conversaciones que empiezan a las ocho de la mañana y terminan... bueno, técnicamente no terminan nunca. Y, como en cualquier patio, hay risas, malentendidos, confidencias, bromas internas y alguna que otra situación que se complica más de lo necesario.

La diferencia es que este patio no se cierra al sonar el timbre, y lo que ocurre en él no siempre se queda allí. Por eso entenderlo, y acompañarles dentro de él, es tan importante para familias y profesorado.

1.4. Tecnología, familia y convivencia: equilibrio posible

La convivencia digital puede generar más discusiones que elegir película en familia.

Ejemplos clásicos:

- "Cinco minutos más, lo prometo."
- "¡Pero si todos mis amigos pueden hacerlo!"
- "No estoy enganchado, simplemente... lo necesito."
- "Te juro que estoy en clase, mamá." (mientras la cámara está misteriosamente apagada)

Y aunque parecen simples frases de sobremesa, cada una esconde una pequeña batalla filosófica entre generaciones: ellos luchan por su autonomía digital y nosotros por conservar la poca sensación de control que nos queda.

El equilibrio existe, aunque requiere práctica y más paciencia que montar un mueble sin instrucciones. Algunas realidades importantes, explicadas con un toque de humor, porque si no, lloramos:

1. **Los adolescentes no quieren perderse nada.** El famoso FOMO (busca en Google o ChatGPT que es si no lo sabes ☺) - no es un monstruo mitológico: es real, musculoso y está muy bien alimentado por notificaciones constantes. Para ellos, desconectar cinco minutos es comparable a desaparecer del planeta; siempre temen que ocurra *justo ahora* el mensaje crucial, el meme del año o la conversación que lo cambia todo.

2. **Los adultos no queremos perder el control.** Y a veces confundimos acompañar con vigilar. Queremos saber qué hacen, con quién hablan, si están seguros... pero sin convertirnos en agentes secretos del MI6. El reto está en estar presentes sin invadir, en guiar sin espiar y en aceptar que no todo lo que ocurre online es peligroso... aunque a veces lo parezca.

3. **Todos necesitamos límites.** Adolescentes, adultos e incluso los móviles, que tras 16 horas encendidos tienen la misma energía que un funcionario (o no funcionario) un viernes a última hora. Los límites no son castigos, sino diques que evitan que el río digital nos lleve por delante.

El objetivo no es convertir el hogar en un cuartel militar donde cada notificación requiere un permiso firmado, sino cultivar **hábitos digitales razonables**. Hábitos que permitan hablar sin gritar, pactar sin dramas, negociar sin chantajes emocionales y, sobre todo, entender que algunas normas existen para evitar catástrofes que luego todos lamentaremos.

En resumen: convivir digitalmente no es fácil, pero con sentido común, humor y conversaciones honestas, la paz es posible... incluso con wifi.

1.5. Mini-herramientas mentales para navegar mejor

Aquí tienes pequeñas ideas que funcionan como *superpoderes digitales* sencillos:

La pausa de tres segundos

Antes de publicar, comentar o contestar algo, respira un momento. Tres segundos. No es meditación profunda ni una conexión espiritual con el universo: es simplemente darle tiempo a tu cerebro para adelantarse a tus impulsos. En ese microinstante pregúntate: "¿Me representa esto?"

Si la respuesta no llega clara, si notas una duda pequeñita o si tu cerebro hace ese sonido interno de "mmm... no sé yo", lo mejor es no publicar. Lo que escribimos con prisa suele ser exactamente lo que más nos arrepentimos de dejar por escrito. Internet tiene memoria infinita y cero sentido del humor cuando se trata de impulsos.

El test del adulto de confianza

Funciona como un detector automático de decisiones dudosas. Imagina que tu publicación la ven personas que, por alguna razón misteriosa, suelen activar nuestro sentido común: tu profesor, tu futuro jefe, tu abuela o incluso tu yo del futuro (ese que, con suerte, dormirá más y tomará mejores decisiones).

Si al imaginar sus caras ves alguna ceja levantada, una mueca silenciosa o un "ay, hijo" mental... probablemente toque revisar lo que estás a punto de subir. No hace falta obsesionarse, solo comprobar que no estás fabricando un momento vergonzoso para tu yo del futuro.

La regla del equilibrio

Si notas que tu vida online empieza a ocupar más espacio que la real, como cuando echas demasiada sal a la comida y de repente sólo sabe a sal, es señal de que hay que reajustar.

No se trata de renunciar a lo digital ni de vivir en una cueva sin wifi, sino de evitar que las pantallas se coman momentos importantes: conversaciones reales, descanso, comidas sin notificaciones o incluso la simple capacidad de aburrirse un rato (actividad infravalorada pero muy útil para el cerebro).

La regla del "¿lo necesito o lo estoy usando por costumbre?"

Muchos abrimos apps como quien abre la nevera sin hambre: por inercia, por aburrimiento o porque nuestros dedos han desarrollado memoria muscular.

Preguntarse "¿lo necesito realmente?" no busca ser una gran reflexión filosófica, sino romper el piloto automático. A veces descubres que no querías entrar en esa app... y que tu cerebro simplemente estaba buscando un estímulo rápido. Otras veces sí querías entrar, y perfecto. Pero que sea una decisión, no un reflejo.

La idea más liberadora

Esta es la favorita de muchos adolescentes cuando la descubren. No hace falta estar en todas las plataformas, ni seguir todas las tendencias, ni opinar sobre cada tema candente que aparece en redes.

Tampoco hace falta publicar todo lo que vives. Ni demostrar nada. Ni competir con nadie.

Internet seguirá ahí mañana, pasado y dentro de diez años. Puedes descansar. Puedes desaparecer unas horas. El mundo digital no se ofende. Y si alguien se ofende... probablemente necesite también un descanso de Internet.

Sección para el profesorado: ideas prácticas para el aula

Aquí tienes propuestas realistas, útiles y aplicables incluso en un día caótico:

1. Mapa de usos digitales

Pide al alumnado que escriba todas las formas en las que usan Internet: sociales, académicas, creativas, recreativas... incluso esas que dicen que "no cuentan" (sí cuentan). Luego, en grupo, analizadlo como si fueseis arqueólogos digitales: ¿qué usos aportan algo positivo?, ¿cuáles son neutros?, ¿cuáles generan estrés o ruido mental sin ofrecer gran cosa a cambio? La gracia está en que ellos mismos descubran qué les suma y qué les resta, no en darles una lista prediseñada.

2. Debate: "Internet, ¿ángel o villano?"

El alumnado suele dividirse en dos bandos desde el minuto uno: "Internet es lo mejor del mundo" contra "Internet destruye vidas". El objetivo no es que ganen unos u otros, sino que entiendan que una herramienta puede ser ambas cosas a la vez. Propón ejemplos reales: situaciones donde Internet ha ayudado muchísimo y otras donde ha complicado la vida a alguien de forma absurda. El debate se vuelve más interesante cuando descubren que casi todos han vivido momentos de cada tipo.

3. Análisis de pantallas reales

Pídeles que hagan un registro voluntario del tiempo de uso durante un día normal. No sirve un domingo especial ni el día que deciden portarse bien. Luego, analizad juntos los resultados. ¿Qué actividades ocupan más tiempo? ¿Qué les sorprende? ¿Qué justificarán apasionadamente? Esta actividad genera conversaciones divertidas y muy reveladoras: muchos descubren que invierten más tiempo en "mirar un momento" que en actividades que realmente disfrutan.

4. Actividad de empatía digital

Pregunta al grupo: "¿Qué cosas os hacen sentir bien online? ¿Y mal?" Aunque parezca una pregunta simple, abre un mundo entero: comparaciones, presión por contestar al instante, miedo a perderse cosas, pero también humor, apoyo y creatividad. Es una manera fantástica de que se escuchen entre ellos y descubran que no son los únicos que sienten lo que sienten.

5. Crear un código digital del grupo

Propón que inventen un código de convivencia digital del grupo: respeto, pausas, privacidad, pedir permiso antes de grabar o compartir... Las reglas funcionan infinitamente mejor cuando salen de ellos mismos y no de un cartel. Lo divertido es ver cómo se ponen de acuerdo sobre qué consideran lógico y qué consideran exagerado. Cuando ellos lo diseñan, lo cumplen con más convicción y menos quejas.

Bienvenidos al viaje

El mundo digital no es un monstruo ni un parque de atracciones permanente, aunque a veces tenga más giros inesperados que una montaña rusa y más luces que una feria. Tampoco es un villano que quiere atraparnos ni un paraíso idílico donde todo funciona bien. Es, sencillamente, un ecosistema complejo, enorme y ligeramente impredecible en el que todos, adolescentes, familias y profesorado, estamos aprendiendo sobre la marcha, improvisando más de lo que admitimos y avanzando con una mezcla de intuición, experiencia y alguna que otra metedura de pata.

La buena noticia es que no estamos solos en esta aventura. Nadie tiene un dominio absoluto del mundo digital, y quien lo diga probablemente no haya actualizado sus ajustes de privacidad desde 2014. Lo importante es entender que navegar este entorno no exige perfección, sino curiosidad, sentido común y una pizca de humor para sobrevivir a esos momentos en los que la tecnología parece tener voluntad propia.

Este capítulo ha dibujado el mapa general: un vistazo amplio, una brújula para orientarnos y un recordatorio de que no hace falta dominar todo a la primera. Los siguientes capítulos te ayudarán a profundizar, comprender mejor cada parte del viaje y, sobre todo, sentir que sí, se puede vivir en este mundo digital sin perderse... o al menos sabiendo reencontrar el camino cuando Google Maps decide dejar de recalcular.

3

Huella digital: el rastro que dejamos sin recordar haber pasado

La huella digital es como esa caja de recuerdos que todos tenemos en casa... pero con truco. No contiene solo fotos de cuando llevábamos flequillo questionable en 2007, sino **cada acción, búsqueda, clic y despiste** que hacemos en Internet. Y lo mejor (o peor) es que esta caja no está guardada bajo tu cama, sino repartida entre plataformas, apps, servicios, empresas, webs y algoritmos que recuerdan más que tu abuela la lista de nietos.

Muchas familias piensan que la huella digital es simplemente "lo que uno publica". ¡Ojalá fuera tan fácil! Eso es solo la parte visible del iceberg. La parte enorme, fría y peligrosa está debajo: **lo que no publicas pero igualmente se registra**. Desde cuánto tardas en pasar un vídeo hasta cuántas veces buscas "cómo borrar historial rápidamente".

Prepárate: vamos a desmontarlo todo con humor, ejemplos reales y explicaciones muy claras.

¿Qué es la huella digital realmente?

En pocas palabras: **todo lo que hacemos online deja rastro**.

Ese rastro puede ser voluntario (publicar una foto) o involuntario como aceptar cookies sin leer absolutamente nada porque el banner ocupa media pantalla y quieres ver ya la receta de croquetas.

La huella digital se divide en dos tipos fundamentales:

1. Huella digital activa

Es la que dejamos **a propósito**, con intención (más o menos pensada):

- Subir una foto.
- Comentar un vídeo.
- Crear tu séptima cuenta porque ya no recuerdas las contraseñas de las seis anteriores.
- Dar "me gusta" a un meme que te representa profundamente.

Ejemplo cotidiano

Tu hija publica una foto con el mensaje: *"Qué calor hace hoy."* Parece un comentario inocente, ¿verdad? Pero un desconocido le escribe: "¿En qué ciudad vives?" y ella responde sin pensar.

Acaba de compartir ubicación, clima, rutina e incluso posibles horarios... sin quererlo.

Y así, un comentario inocente se convierte en una actualización meteorológica con geoposicionamiento gratuito.

Más ejemplos divertidos (y reales)

- Subes foto del perro → Internet deduce tu barrio por el parque del fondo.
- Comentas "qué hambre tengo" → Te salen anuncios de sushi, kebab y robots de cocina.
- Das like a tres vídeos de manualidades → Los algoritmos deciden que ahora eres artesano profesional.

La huella activa es la parte visible... pero la pasiva es la que realmente da miedo.

2. Huella digital pasiva

Es la que **dejas sin darte cuenta**. Sí, incluso cuando no estás publicando nada. Es como ir dejando migas digitales por el camino, pero sin ese momento consciente de "voy a soltar una miga aquí". Simplemente ocurre. Tu móvil, tus apps, tus redes y hasta tu navegador van recogiendo información sobre ti como si fueran detectores de movimiento, siempre atentos, siempre despiertos y, desde luego, **siempre con hambre de datos**.

Incluye:

- Cookies que registran tus páginas visitadas (porque las webs son como ese vecino cotilla que siempre quiere saber por dónde te mueves).
- Apps que guardan ubicación porque "la necesitan para funcionar"... aunque solo sea una app de linterna.
- Servicios que analizan cuánto tardas en cerrar un vídeo; si te quedas medio segundo más, te catalogan como "persona potencialmente interesada en contenido similar para siempre jamás".
- Plataformas que conocen tus gustos mejor que tu familia: saben a qué hora te conectas, qué tonos te gustan, qué contenido consumes cuando estás cansado y cuál cuando buscas evasión total.

En resumen: **la huella digital pasiva es ese rastro silencioso que vas dejando aunque no digas ni mu online**, y que, irónicamente, suele ser el rastro más completo, detallado y jugoso para las plataformas. Es la versión digital del "no estoy haciendo nada... pero todos me miran".

Ejemplo realista

Buscas *"cómo hacer croquetas"* una sola vez.

En menos de 24 horas tu móvil parece haber decidido tu destino culinario:

- Anuncios de robots de cocina.
- Recomendaciones de cursos de cocina japonesa.
- Tutoriales de freidoras de aire.
- Y, si te descuidas, alguna oferta de máster en gastronomía.

Eso es huella pasiva: tú haces una cosa, Internet decide que es tu nueva personalidad.

Otro ejemplo

Pasas tres segundos más de lo normal en un vídeo de gatos.

Resultado:

- TikTok quiere que adoptes tres.
- Instagram te sugiere cuentas de veterinarios.
- YouTube te recomienda "Cómo saber si tu gato te juzga (spoiler: sí)."

¿Por qué importa la huella digital?

Porque la huella digital **no desaparece**.

No tiene fecha de caducidad.

No se esfuma como las historias de 24 horas.

No se limpia con CTRL+Z.

Y lo más importante: **construye la imagen que otros tienen de nosotros**, incluso antes de conocernos.

Ahora bien, ¿por qué esto es tan importante?

Porque cada clic, cada búsqueda, cada comentario y cada foto suben puntos en una especie de "currículum invisible" que te representa allá donde vas. Incluso si tú no lo recuerdas, Internet sí lo hace. Es como ese amigo que recuerda perfectamente todas tus anécdotas embarazosas... pero multiplicado por diez y disponible a nivel global.

Piensa en la huella digital como una versión digital tuya que vive en Internet y va recopilando todas tus decisiones online. A veces esa versión es encantadora y profesional; otras veces... bueno, tiene fotos con filtros cuestionables, comentarios impulsivos y búsquedas que preferirías olvidar.

Y aquí viene lo gracioso (o trágico): **la gente suele conocer primero esa versión digital antes que a ti mismo**. Es decir, tu "yo real" llega a la conversación después de que lo haga tu "yo digital". Y aunque tú puedas explicar, justificar o matizar tus decisiones, esa versión online no puede hacerlo: habla por ti sin consultarte.

Por eso, entender y cuidar la huella digital no va de paranoia, sino de estrategia. Se trata de asegurarte de que esa versión paralela que vive en Internet juega a tu favor... y no en tu contra.

Ejemplo

Un adolescente solicita plaza en una universidad top. Todo va perfecto... hasta que un profesor busca su nombre en Google.

Aparece un vídeo suyo con 13 años haciendo el "Reto de la Sandía Explosiva".

¿Le arruina la vida? No.

¿Ayuda? Tampoco.

¿Es gracioso? Bastante.

Pero ahí queda, como parte de su rastro digital.

Ejemplos claros para entenderlo

Ejemplo 1: El comentario inocente que no murió

Marcos, con 14 años, escribe en un foro de videojuegos:

"Mi profe es un pesado, ojalá mutee."

Ríe, cierra el foro y se olvida.

Años después, buscando prácticas profesionales... **ese comentario aparece indexado en Google.**

Y el entrevistador resulta ser fan del mismo videojuego.

Giro "inesperado": no hizo gracia.

Ejemplo 2: El historial que te persigue como si tuviera vida propia

Buscas "cómo arreglar un grifo".

Durante semanas, tu móvil piensa que vives rodeado de goteras:

- Seguros del hogar,
- Herramientas para fontanería,
- Empresas de reformas.

Un amigo mira tu pantalla y piensa que estás rehabilitando una catedral.

Ejemplo 3: Los postres de la abuela (modo obsesivo)

Tu hija busca recetas dulces un mes seguido.

TikTok concluye que su destino es ser pastelera profesional. No importa que también le guste el baloncesto. Las apps han hablado.

Resultado: su huella digital dice "repostería nivel dios".

¿Qué deben saber las familias?

1. **Nada desaparece del todo.** Aunque borres una foto, quizá alguien ya la guardó. Y no solo alguien: es posible que haya quedado almacenada en un servidor, en una copia automática o en un respaldo que ni sabías que existía. Internet tiene memoria de elefante... pero uno que toma vitaminas. Todo lo que subimos tiene el potencial de

sobrevivir a nuestras intenciones.

2. **Los algoritmos aprenden rápido.** A veces demasiado. Con un par de clics pueden deducir más sobre nosotros que un familiar en Nochebuena. Si un adolescente ve dos vídeos de deportes, el algoritmo decide que ahora vive, respira y sueña deporte. Si busca un libro, ya le recomienda toda la librería. Y todo esto, sin preguntar si era un interés real o solo un trabajo de clase.
3. **Lo que compartimos revela más de lo que imaginamos.** Una simple foto puede mostrar más que una cara bonita: la ubicación, la hora, el estilo de vida, el tipo de amigos, las rutinas... incluso pequeños detalles del fondo pueden contar parte de la historia. Sin querer, construimos un retrato digital muy completo.
4. **La huella digital afecta al futuro.** Universidades, empresas y hasta futuros amigos pueden ver qué imagen has ido dejando. No es para asustar, pero sí para recordar que esa versión digital tuya va un paso por delante de ti, presentándose antes de que tú llegues.
5. **La huella también puede ser positiva.** Por suerte, construir una buena imagen online es más fácil de lo que parece. Un proyecto creativo, un blog, un portafolio, una participación respetuosa en una comunidad... todo suma. La huella digital no solo es un riesgo: también es una oportunidad brillante para mostrar quién eres de verdad. Por suerte, construir una buena imagen online es más fácil de lo que parece.

Consejos prácticos para acompañar sin asustar

1. Hablad en familia sobre qué se comparte y qué no

Nada de interrogatorios tipo CSI. La idea es conversar:

- ¿Qué te gusta publicar?
- ¿Cómo eliges qué subir?
- ¿Quién puede verlo?

Hazlo mientras cocináis, paseáis o merendáis. Siéntate, no juzgues, y pregunta con curiosidad.

2. Revisad juntos los ajustes de privacidad

Una vez al trimestre. Como cambiar las sábanas.

No hace falta montar un drama. Simplemente:

- Revisad perfiles públicos vs privados,
- Configurad quién puede comentar,
- Mirad qué apps tienen permiso a la cámara.

3. Enseña el principio del "esto puede quedar guardado"

Una frase mágica:

"Si no lo dirías delante de tus abuelos, piénsatelo dos veces antes de subirlo."

Funciona sorprendentemente bien.

4. Predicar con el ejemplo (aunque duela)

Los adultos también dejamos huella digital. Y a veces huella **muy** cuestionable. Ese comentario pasivo-agresivo que dejaste en Facebook en 2011, aquella foto con filtro sepia de dudosa calidad artística, ese "ya lo miraré luego" a los avisos de privacidad... todo eso también te representa.

Y aquí viene lo importante: **tus hijos observan todo**. No con intención de juzgarte (bueno, a veces sí), sino porque aprenden del comportamiento que ven. Si tú compartes sin pensar, ellos comparten sin pensar. Si te ríes de un meme "borderline" y luego dices que ellos deben tener cuidado... bueno, la coherencia digital acaba de abandonar la sala.

Predicar con el ejemplo no significa ser perfecto, sino **ser consciente**. Decir en voz alta decisiones como:

- "Voy a revisar la privacidad antes de subir esto."
- "Voy a borrar este comentario porque no aporta nada."
- "Voy a comprobar si esta noticia es real."

Tus hijos no necesitan discursos épicos. Necesitan **verte actuar como quieres que ellos actúen**.

5. No todo es riesgo: la huella digital puede ser MUY positiva

En medio de tantas advertencias, es fácil olvidar que la huella digital también puede ser una **herramienta poderosa**. No todo es peligro, drama y catástrofe tecnológica. También existe el lado luminoso del ecosistema digital.

Un rastro online bien cuidado puede mostrar:

- Creatividad (dibujos, música, vídeos, escritura)
- Compromiso (proyectos escolares, voluntariado, logros)
- Habilidades (presentaciones, tutoriales, portafolios)
- Intereses reales (lecturas, deportes, temas de investigación)

Y, aunque cueste creerlo, muchas veces **las oportunidades llegan por ahí**. Un profesor que descubre el blog de una alumna, una escuela que valora la constancia de un proyecto personal, un futuro empleador que ve una participación respetuosa en foros…

La clave es entender que la huella digital no es solo lo que puede "meterte en líos": también puede **abrirte caminos** que en el mundo físico tardarían años en aparecer.

Así que no se trata solo de evitar riesgos, sino de **construir señales positivas que digan quién eres de verdad**.

Mini checklist para familias

- ¿Sé qué plataformas usan mis hijos? *(Porque si tú crees que siguen en Facebook... tengo malas noticias.)*
- ¿Tienen perfiles públicos o privados? *(Pregunta clave: ¿lo*

decide tu hijo o lo decidió la app por defecto?)

- ¿Revisamos juntos lo que comparten? *(No como inspectores Gadget, sino como compañeros de sofá con chocolate caliente.)*
- ¿Conocen los riesgos sin dramatismos? *(Nada de "¡Internet te va a devorar!", pero tampoco "tú publica, total qué más da".)*
- ¿Les ayudo a construir una imagen digital positiva? *(Animarles a subir proyectos, logros y cosas chulas... no solo memes y vídeos de su gato gritando.)*
- ¿Saben qué aplicaciones tienen acceso a su ubicación? *(Porque algunas apps saben dónde estás más veces que tu propia madre.)*
- ¿Saben identificar cuándo un contenido "les define" y cuándo no? *(Spoiler: no, un vídeo bailando con filtro de mapache NO es su verdadera esencia.)*
- ¿Hemos hablado alguna vez sobre qué imagen quieren proyectar? *(¿Persona responsable con futuro? ¿Artista creativo? ¿Ser misterioso que solo sube fotos de nubes?)*

Sugerencias ampliadas para el profesorado en el aula

1. Debate guiado con ejemplos reales

Trae a clase dos o tres casos reales (anonimizados) relacionados con huella digital: uno positivo, otro neutral y otro con consecuencias inesperadas. Por ejemplo:

- Un estudiante que abrió un blog de ciencia y consiguió seguidores y oportunidades.
- Un caso de un comentario impulsivo que generó un con-

flicto real.
- Una situación en la que un contenido inocente fue malinterpretado.

Pide al alumnado que analice:

- ¿Qué parte del rastro digital fue positiva?
- ¿Qué parte fue problemática?
- ¿Qué decisiones podrían haberse tomado de otra forma?
- ¿Cómo cambia la percepción según quién mire el contenido?

La clave es que aprendan a evaluar **la intención** versus **el impacto**, algo fundamental en la huella digital.

2. Actividad práctica: "Googlea a un personaje ficticio"

Divide la clase en grupos y dales un nombre inventado: "Lucía Torres Martínez", "Diego Campos Bernal", "Sofía Ríos Delgado"...

La misión del alumnado es construir la huella digital ficticia de esa persona:

- ¿Qué redes usaría?
- ¿Qué tipo de comentarios dejaría?
- ¿Tendría publicaciones artísticas, deportivas, de humor?
- ¿Qué percepción generaría un desconocido al buscar su nombre?

Después, cada grupo presenta su "investigación" como si fueran detectives digitales.

Este ejercicio les permite comprender que **lo que aparece de nosotros online no siempre lo controlamos completamente... pero sí podemos influirlo**.

3. Ejercicio de análisis: "¿Qué mensaje transmite esta publicación?"

Presenta varias publicaciones generadas por IA o de bancos públicos: fotos en fiestas, comentarios sarcásticos, selfies, vídeos haciendo retos virales, frases motivadoras...

Luego plantea preguntas como:

- ¿Qué impresión te da si eres amigo suyo?
- ¿Y si eres un profesor?
- ¿Y si fueras un entrenador?
- ¿Y si fueras alguien que no conoce a la persona?

Esto ayuda a que comprendan que **el contexto cambia la interpretación**. No todo el mundo verá su contenido con los mismos ojos.

4. Pensamiento crítico y algoritmos

Pide a los estudiantes que abran la misma app (TikTok, YouTube, Instagram) y comparen sus páginas de inicio.

Descubrirán que a pesar de tener edades, intereses y colegios similares, sus recomendaciones son completamente distintas. Esto permite discutir:

- Cómo funcionan los algoritmos.
- Por qué las plataformas no muestran lo mismo a todo el mundo.
- Cómo nuestras interacciones moldean nuestra experiencia digital.
- Qué peligros tiene vivir en una burbuja informativa.

Puedes incluso hacer un pequeño gráfico en la pizarra con los diferentes tipos de contenido que ve cada uno.

5. Proyecto positivo de presencia online

Pide al alumnado que construya una pequeña presencia digital positiva. Puede ser:

- Un portfolio artístico.
- Un blog educativo.
- Un vídeo explicando una habilidad.
- Un mini-documental.
- Una presentación sobre un interés personal.

Después, analizad juntos:

- ¿Qué transmite este contenido?
- ¿Es profesional, creativo, respetuoso?
- ¿Ayudaría a esta persona en el futuro?
- ¿Qué mejorarías si fueras su "manager digital"?

El objetivo es que comprendan que **su huella digital puede ser un trampolín, no solo un riesgo**.

6. Reflexión final: "¿Qué quiero que el mundo sepa de mí?"

Invita a los estudiantes a escribir una frase que describa cómo les gustaría ser percibidos online. Ejemplos:

- Quiero que piensen que soy creativo.
- Quiero mostrar que soy responsable.
- Quiero enseñar lo que me apasiona.
- Quiero que quien me vea online se haga una idea real de quién soy.

Luego, pídeles que revisen sus redes sociales (o las de un personaje ficticio si prefieren mantener privacidad) y hagan una lista:

- ¿Qué contenido **sí** refleja esa imagen?
- ¿Qué contenido **no** encaja?
- ¿Qué podrían publicar para reforzarla?
- ¿Qué deberían archivar o modificar?

Esta actividad ayuda a unir **intención** y **acción**, algo crucial en la construcción de la identidad digital.

4

¿Quién soy online? Identidad, reputación e historia de publicaciones

La pregunta *"¿Quién soy online?"* parece sencilla... hasta que empiezas a pensar en todas las fotos, likes, comentarios, vídeos, cuentas antiguas y publicaciones que viven en tu rincón digital. Entonces la respuesta se vuelve más complicada que intentar cerrar 87 pestañas del navegador sin perder la que sí necesitabas.

En Internet, nuestra identidad no es un único mensaje ni una foto de perfil. Es una mezcla de decisiones, grandes, pequeñas y microscópicas, que juntas forman la imagen que otros se hacen de nosotros. Es nuestro "avatar social", pero uno que no siempre hemos diseñado a propósito.

Y en el caso de los adolescentes, esa identidad se está creando mientras ellos mismos intentan averiguar quiénes son *fuera* de la pantalla. Una misión difícil, digna del modo experto.

Este capítulo quiere ayudar a familias y profesorado a entender qué forma la identidad digital, cómo afecta a la reputación, qué peligros tiene y cómo acompañar a los jóvenes para que su *"yo digital"* esté un poco más alineado con su *"yo real"* (o al menos no vaya por libre).

¿Qué es la identidad digital?

La identidad digital es el conjunto de **todo lo que hacemos, mostramos o dejamos ver en Internet**: publicaciones, comentarios, gustos, amistades, estilo personal, hábitos de consumo... y hasta lo que hacemos sin darnos cuenta. Es, en esencia, la suma de cada pequeña huella que dejamos en nuestros paseos digitales diarios, incluso cuando creemos que nadie está mirando.

Si lo pensamos con calma, la identidad digital funciona como un gran rompecabezas: cada pieza puede parecer insignificante por separado, pero juntas construyen un retrato sorprendentemente preciso. Lo fascinante, y a veces inquietante, es que ese retrato se va formando incluso cuando no estamos "posando". Internet nos dibuja aunque no nos demos cuenta.

En términos sencillos:

- **Lo que subes → forma parte de tu identidad.** Desde la foto épica de vacaciones hasta ese meme que te representaba demasiado.
- **Lo que no subes pero haces (búsquedas, likes, tiempo de visualización) → también forma parte.** Tus clics hablan, tus silencios también.
- **Lo que otros suben sobre ti → igual o incluso más.** Una etiqueta mal puesta, una foto inesperada o un comentario de otra persona pueden construir partes de tu identidad sin pedirte permiso.

Podemos imaginar la identidad digital como una **biografía escrita a varias manos**: tú, tus amigos, tus plataformas favoritas... y ese algoritmo que parece conocerte mejor que tu propio padre. De hecho, si un día te preguntaran cuál es tu helado favorito y dudases, probablemente TikTok respondería antes que tú.

Y lo más curioso: esta biografía no está guardada en un libro bonito en la estantería, sino repartida en servidores, perfiles, cookies, historiales y rincones de Internet que de vez en cuando resucitan cosas que tú ni recordabas haber hecho.

En resumen: **la identidad digital es la versión de ti que Internet ve, recuerda y comparte**, te guste o no. Por eso comprenderla es el primer paso para controlarla.

Imagen digital vs identidad digital

Aunque a veces se usan como sinónimos, **imagen digital** e **identidad digital** son dos capas distintas de nuestra presencia online. Entender esta diferencia es clave para no confundir lo que mostramos con lo que realmente transmitimos.

La **imagen digital** es aquello que cualquier persona puede percibir a simple vista al encontrarse con tu presencia online: tu foto de perfil, tus publicaciones más recientes, tu biografía, el estilo de contenido que compartes. Es una versión rápida, superficial y altamente editable. Es, por decirlo así, tu escaparate digital. Puedes cambiarlo en cuestión de segundos con una foto nueva o una frase ingeniosa.

La **identidad digital**, en cambio, es el conjunto profundo y acumulado de todo lo que haces en Internet. No solo lo que publicas, sino lo que comentas, a lo que das "me gusta", las búsquedas que realizas, los patrones de uso, la forma en que interactúas con otros, e incluso lo que otros publican sobre ti. Mientras la imagen digital es lo que *pareces* ser, la identidad digital es lo que realmente *proyectas*, muchas veces sin querer.

Un buen modo de verlo es pensar en la diferencia entre una portada brillantemente diseñada y el contenido real de un libro. La portada llama la atención, puede estar muy cuidada y ser muy bonita, pero no siempre refleja lo que hay dentro. La identidad digital es ese contenido interno: más complejo, más duradero y, sobre todo, más difícil de controlar.

Ejemplo ampliado: Una adolescente sube fotos donde aparece feliz, sociable y segura. Esa es su **imagen digital**: luminosa, simpática, con estilo y aparentemente en equilibrio. Pero su identidad digital cuenta otra historia: búsquedas relacionadas con ansiedad, mensajes privados en los que pide apoyo, publicaciones que elimina diez minutos después de subirlas... Todo eso forma parte de su **identidad digital**, aunque nadie más lo vea.

Otro caso común: un adolescente publica poco, tiene una foto de perfil neutra y su imagen digital parece discreta. Pero su identidad digital incluye cientos de horas consumiendo determinados tipos de contenido, participando activamente en foros especializados e interactuando solo con ciertos grupos. La imagen pública dice "persona tranquila"; la identidad profunda dice "muy involucrado en comunidades específicas".

La diferencia es importante porque muchas veces juzgamos, o somos juzgados, por la imagen digital, mientras que las consecuencias, oportunidades y riesgos se derivan de la identidad digital. Puedes parecer algo distinto a lo que realmente transmites.

La imagen digital es la portada. La identidad digital es el libro entero... incluyendo los capítulos que creías que nadie había visto.

La reputación online: cómo se forma sin darnos cuenta

La reputación online es la interpretación que otros hacen de tu identidad digital, algo así como un informe no solicitado que Internet redacta sobre ti... y que, para colmo, nunca te pide que revises antes de enviarlo al mundo.

Lo fascinante, y ligeramente inquietante, es que **tu reputación digital se construye incluso cuando tú no estás pensando en ella**. No hace falta planear una gran publicación, ni meter la pata en público: basta con existir online.

Se alimenta de pequeños detalles diarios, como estos:

- Un comentario que a ti te parecía divertido... pero que a otra persona le sonó como una crítica velada.
- Dar "me gusta" repetidamente a contenido polémico, lo que para ti es curiosidad y para otros es declaración de principios.
- Aparecer etiquetado en fotos donde no sales precisamente como la mejor versión de ti mismo.
- Responder impulsivamente en un debate, dejando un rastro digital de tu calentón del momento.

Y aquí está el truco: **la reputación digital no pregunta por contexto**. Internet no sabe si estabas de mal humor, si lo hiciste sin pensar o si simplemente querías ser gracioso. Solo ve el resultado y lo añade al retrato que está construyendo sobre ti.

Podemos imaginarla como ese rumor del instituto que nadie sabe quién empezó, pero que sigue circulando alegremente por los pasillos. En el entorno digital ocurre lo mismo: una interacción aislada puede convertirse en parte de "tu leyenda online" sin que tú tengas ni idea.

Y lo más curioso es que la reputación se forma **tanto por lo que haces como por lo que pareces hacer**. A veces basta con un patrón, aunque sea casual, para que otros saquen conclusiones rápidas:

- Si comentas siempre lo mismo, creen que eres así.
- Si nunca dices nada, creen que eres distante.
- Si solo subes fotos felices, creen que tu vida es perfecta.
- Si no apareces online, creen que no existes (al menos digitalmente).

La reputación online es, en resumen, la versión de ti que se crea a partir de migas digitales. Un constructo que no siempre coincide con quién eres realmente, pero que, como un rumor bien alimentado, **puede viajar mucho más lejos que la verdad**.

Publicaciones antiguas: el pasado digital que no se jubila

Las redes tienen una memoria excelente. A veces demasiado. Si la memoria humana funcionara igual, nadie volvería a hacer el ridículo en una boda, en una cena familiar o en un cumpleaños con karaokes dudosos. Pero mientras nuestra mente selecciona, olvida o edita recuerdos, Internet es más bien un archivador infinito con fe absoluta en que *todo* debe conservarse para siempre. Especialmente aquello que preferirías borrar.

Mientras tú cambias, evolucionas, maduras y remodelas tu estilo, Internet sigue guardando aquel vídeo de 2016 en el que dabas vueltas con un filtro de perrito. Tú ya has superado esa fase; Internet, por desgracia, no. Para las plataformas, ese vídeo sigue siendo parte de tu esencia, como si fuera una obra maestra que conviene proteger.

Y aquí vienen los **problemas típicos**:

- Publicaciones que ya no representan quién es el adolescente. Lo que en su momento parecía divertido o valiente ahora provoca escalofríos dignos de una película de terror adolescente.
- Comentarios impulsivos escritos con 13 años. Sí, la edad de oro de las opiniones absolutas y del sarcasmo mal calibrado.
- Vídeos que parecían inofensivos pero ya no encajan. Especialmente aquellos que incluyen bailes, retos absurdos o actuaciones espontáneas que jurarías no haber aprobado.
- Tendencias del pasado que ahora pedirías enterrar. Y no solo enterrar: esconder bajo llave, en una caja fuerte, dentro de un búnker, en el centro de un volcán.

Y todo esto ocurre porque el pasado digital **no se jubila**. No descansa, no se retira, no dice "yo ya he cumplido". Simplemente permanece, esperando a ser descubierto por un nuevo profesor, un amigo reciente… o peor: por el propio algoritmo, que de pronto decide revivir aquella joya olvidada como si te estuviera haciendo un favor.

Por eso es tan importante entender que las publicaciones antiguas no son simplemente recuerdos: son parte de la identidad digital activa, aunque ya no te representen. Y aunque desearíamos que Internet hiciera como nosotros, olvidar selectivamente lo que nos incomoda, su política parece ser justo la contraria.

Revisar, limpiar y actualizar perfiles es fundamental. Como limpiar el armario... solo que esta vez sí sirve de algo. Porque mientras tu jersey hortera de 2012 puede quedarse eternamente escondido al fondo del cajón, tu vídeo de 2012 no tiene tanta suerte.

Hacer esta limpieza es un acto de autocuidado digital. Es permitir que tu "yo actual" hable más alto que tu "yo de hace diez años", ese que aún pensaba que subir 25 fotos del mismo ángulo era una idea excelente. Es, en definitiva, asegurarte de que tu pasado digital no siga tomando decisiones por ti en el presente.

Ejemplos reales centrados (para ti, adolescente)

1. El comentario "era una broma"

Nuria comenta bajo un vídeo:

"Madre mía, qué pesado este chico."

Ella lo ve como humor. Él lo ve como un ataque. Los amigos lo ven, lo comentan y lo exageran.

Resultado: su reputación online cambia sin que Nuria se entere.

2. La vida perfecta... que no es tan perfecta

Tomás sube fotos impecables, siempre tranquilo, siempre perfecto.

Sus seguidores creen que vive en un anuncio de perfume. En realidad, está agotado intentando mantener una imagen que no siempre refleja su vida real.

3. El chat del grupo que salió del grupo

Un grupo privado de clase comparte memes y bromas pesadas. Alguien hace una captura. Esa captura llega a un profesor.

Fin del misterio. Fin de la privacidad.

4. El vídeo sin permiso

Claudia graba a un amigo bailando y lo sube "solo para amigos/as cercanos/as".

Alguien lo reenvía. El amigo se enfada.

Claudia aprende que "amigos/as cercanos/as" no siempre significa "círculo cerrado".

El fenómeno del sobresharing

El *sobresharing* ocurre cuando alguien comparte demasiado, demasiado rápido o demasiado sin filtro.

Ejemplos:

- Publicar cada emoción intensa.
- Subir 25 "stories" del mismo momento.
- Anunciar dónde están, con quién y a qué hora.
- Pedir validación constante mediante publicaciones.

A veces la mejor versión de uno mismo es la que se toma un descanso de publicar. Y no un descanso dramático anunciado con un mensaje místico tipo "me voy, no me busquéis", sino un simple respiro digital: cerrar la app, levantar la vista y recordar que, sorprendentemente, el mundo sigue funcionando aunque no subas una story cada treinta minutos.

De hecho, tomarse ese respiro suele dar resultados maravillosos. Es como cuando ordenas tu habitación y encuentras cosas que ni sabías que habías perdido: al pausar la necesidad de compartir todo, descubres que algunas emociones se entienden mejor sin publicarlas, que algunas fotos son más bonitas cuando se quedan en el carrete y que hay momentos que se disfrutan más cuando no estás pensando en filtros.

A veces, desconectar un rato te convierte en tu mejor influencer... para ti mismo. Sin algoritmos, sin métricas, sin presión. Solo tú, tu vida real y la tranquilidad de saber que no hace falta estar siempre conectado para ser relevante.

El efecto captura de pantalla

Principio universal:

Si se puede capturar, se puede compartir.

Aunque desaparezca.

Aunque sea privado.

Aunque dure 24 horas.

La seguridad total no existe.

Por eso enseñar a **pensar antes de publicar** es clave.

Un mensaje impulsivo puede convertirse en un problema duradero gracias a una simple captura.

Comparación social y presión digital

La comparación constante provoca:

- Estrés

- Baja autoestima
- Percepción distorsionada de la realidad

Los adolescentes comparan su vida normal con la versión filtrada de la vida de otros. Una batalla injusta: es comparar tu día real con el "mejor día" de otra persona... con filtros.

Perfiles públicos, privados y semi-privados

- **Público:** más exposición, más cuidado.
- **Privado:** mejor, pero no infalible.
- **Close friends / mejores amigos:** seguridad engañosa.

Muchos problemas ocurren precisamente en estos espacios "semi-privados", donde la sensación de confianza es demasiado alta.

Consejos prácticos para familias

1. Revisiones digitales periódicas

Revisad perfiles juntos cada cierto tiempo. No como policía digital, sino como acompañamiento. No hace falta ponerse gafas oscuras y decir "tenemos que hablar", basta con sentarse en el sofá con un poco de calma y ver qué se ha ido acumulando. Es parecido a revisar el frigorífico: siempre aparece algo que no sabías que estaba ahí, algo que da un poco de miedo y, con suerte, algo que todavía sirve.

2. Hablad sobre lo que no se ve

Likes, tiempo de visualización, patrones… también comunican. Y a veces comunican más que las propias publicaciones. Es como leer entre líneas, pero versión digital: uno cree que solo está mirando vídeos de cocina "por curiosidad" y de repente el algoritmo ya ha decidido que quiere ser chef profesional. Hablar de lo invisible ayuda a desmontar ese mito de "si no publico, no dejo huella". Ojalá.

3. Usad la regla del "yo del futuro"

"¿Te gustaría que alguien viera esto dentro de 5 años?" Es una pregunta maravillosa porque funciona como un viaje en el tiempo exprés. Si la respuesta es un sí rotundo, adelante. Si la respuesta es un "bueno… depende", mejor pensarlo. Y si la respuesta es un grito interno que dice "¡no, por favor!", entonces ya tenemos la decisión tomada.

4. Ayudad, no invadáis

Cread un ambiente seguro, no un interrogatorio. Si usáis tono de inspector, obtendréis respuestas de sospechoso. En cambio, si os acercáis con curiosidad genuina, es más fácil que compartan dudas, meteduras de pata o cosas que les preocupan. La idea es acompañar, no hacer una auditoría digital completa (aunque a veces den ganas).

5. Reforzad lo positivo

Celebrad proyectos, ideas creativas, habilidades... no solo fotos bonitas. Si solo se refuerza el contenido "estético", es fácil que crean que su valor digital depende de los likes y no de lo que son capaces de aprender o crear. Aplaudir una presentación, un dibujo, un vídeo educativo o un proyecto personal vale mucho más que comentar "qué mono sales" por vigésima vez.

Consejos prácticos para adolescentes

Aquí van unos cuantos consejos que funcionan como un buen WiFi: simples, útiles y ojalá más gente los tuviera activados.

No tienes que impresionar a nadie online.

De verdad. Ni aunque te salga un ángulo perfecto con la cámara frontal (que ocurre una vez cada eclipse solar). La gente se olvida rápido de las publicaciones ajenas, pero tú te quedas con la presión de mantener un personaje imposible. Internet no necesita otra versión épica de ti: necesita tu versión auténtica... o, como mínimo, una que no te cueste lágrimas ni batería.

No publiques enfadado.

Y si puedes evitar publicar hambriento, cansado o justo después de discutir con tus padres, también mejor. Publicar enfadado es el equivalente digital a enviar un mensaje a las 3 de la mañana diciendo "yo solo digo la verdad". No suele acabar bien. Respira, date un paseo, o come algo. Todo mejora cuando uno no está en modo volcán.

No grabes ni compartas nada sin permiso.

Esto no es una recomendación: es una ley universal, como la gravedad. Si grabas sin permiso, te metes en problemas. Si compartes sin permiso, multiplicas esos problemas por dos. Y si alguien hace captura... felicidades, ahora es problema *eterno*. Pedir permiso no te hace menos divertido; te hace menos candidato a que te llamen del colegio al día siguiente.

Tu reputación se construye con constancia, no con viralidad.

Un vídeo viral te da 48 horas de gloria y a veces 48 días de arrepentimiento. La gente recordará más cómo te comportas día a día que tu baile que estuvo a punto de salir en un anuncio. Ser educado, respetuoso y coherente funciona infinitamente mejor que cualquier coreografía improvisada.

Si algo te incomoda, pide ayuda.

Esto incluye: mensajes raros, publicaciones que no sabes si borrar, grupos que se vuelven tóxicos o situaciones que "dan mal rollo". Pedir ayuda no te hace débil; te hace inteligente. Y además suele evitar que un problema pequeño se convierta en uno de esos líos dignos de documental.

Mini-checklist final

Una pequeña lista para que puedas mirarte al espejo digital sin sobresaltos.

¿Tu perfil refleja quién eres realmente?

O refleja quien eras hace tres años, o quien pensabas que querías ser durante una semana.

¿Tienes contenido antiguo que ya no te representa?

Si la respuesta es sí, tranquilo: todos tenemos un pasado digital que preferiríamos archivar en una caja fuerte.

¿Sabes quién puede ver lo que publicas?

Y no vale responder "mis amigos". A veces el público incluye amigos, amigos de amigos, un primo lejano y un desconocido que lleva tres horas analizando tu perfil.

¿Te estás comparando demasiado con otros?

Recuerda: tú ves tu detrás de cámaras, y ves el "mejor plano" de los demás. Comparación injusta desde el minuto uno.

¿Podrías explicar tu identidad digital sin sentir vergüenza?

Si tu respuesta es "más o menos", vas por buen camino.

Si tu respuesta es "prefiero no hablar del tema"... quizá toque limpieza digital.

5

Sugerencias para el profesorado

Aquí tienes propuestas pensadas para que el alumnado reflexione sin bostezar (al menos no demasiado) y para que tú puedas trabajar la identidad digital sin convertirte en un guardia de seguridad tecnológico.

1. Actividad: "Tres publicaciones, tres identidades"

Presenta tres publicaciones ficticias y pide al alumnado que imagine qué tipo de persona hay detrás. Después analizad en grupo si esas conclusiones eran acertadas o si estaban llenas de suposiciones.

La idea es que comprendan que juzgamos rápido, a veces demasiado rápido, en Internet, y que una publicación dice mucho menos que una persona.

2. Taller: "Rediseña tu identidad digital"

Pide al alumnado que cree un mini-portfolio positivo: puede incluir un texto breve, una imagen, un vídeo, un dibujo o un proyecto de clase. Luego analizad juntos qué comunica.

La gracia está en ver cómo pequeñas decisiones cambian completamente la percepción externa. Es como enseñarles que tienen un "botón de edición" en su reputación.

3. Debate: "Si lo ves, ¿lo compartes… o no?"

Perfecto para discutir sobre límites, consentimiento y el eterno dilema de Internet: "solo es una captura, ¿qué puede pasar?".

(Spoiler: mucho. Muchísimo.)

Esta conversación suele generar momentos muy divertidos, sobre todo cuando el alumnado descubre que no, no todo lo que da risa debe compartirse.

4. Ejercicio práctico de privacidad

Configurar juntos quién puede etiquetarles, ver sus publicaciones u ocultar contenido antiguo. Una especie de "ITV digital", pero sin la parte de rezar para que todo esté en regla.

Les ayuda a entender que la privacidad no es sólo un concepto abstracto, sino una herramienta para proteger su bienestar.

5. Reflexión final

"¿Qué te gustaría que alguien nuevo supiera de ti… sin que tengas que decirlo tú?"Una pregunta sencilla que abre conversaciones profundas y, a veces, sorprendentemente reveladoras.

Muchos alumnos descubren que lo que quieren transmitir no coincide con lo que realmente muestran... y ahí empieza el trabajo de construcción consciente.

6

Por qué importa (mucho): universidad, empleo y relaciones

Hay una frase que se repite mucho cuando hablamos de Internet: *"lo que pasa online se queda online"*. Y, sinceramente, ojalá fuera verdad. El problema es que, en la vida real, lo digital y lo cotidiano ya no van por separado. Se mezclan todo el tiempo. Lo que publicas, lo que comentas, lo que compartes, lo que aceptas y lo que decides ignorar... todo eso forma parte de tu historia, incluso cuando tú crees que solo estabas "pasando el rato".

Este capítulo existe porque, aunque a veces suene exagerado, **la identidad digital ya influye en tres áreas clave de la vida**: el futuro académico, el futuro profesional y la calidad de tus relaciones. No porque Internet sea el villano, ni porque haya que vivir con miedo, sino porque hoy gran parte de nuestra vida ocurre en espacios donde se guarda memoria. Y esa memoria no siempre entiende de contexto, de bromas internas ni de "yo no lo decía en serio".

En la universidad, por ejemplo, el mundo digital puede ser una ventaja enorme: proyectos, becas, iniciativas, participación, talento... muchas oportunidades se descubren y se construyen online. Pero también puede ser una barrera si lo que aparece de ti transmite desorden, falta de respeto o irresponsabilidad. No hablamos de ser perfecto, hablamos de entender que **hay decisiones pequeñas que abren puertas... y otras que las cierran sin avisar**.

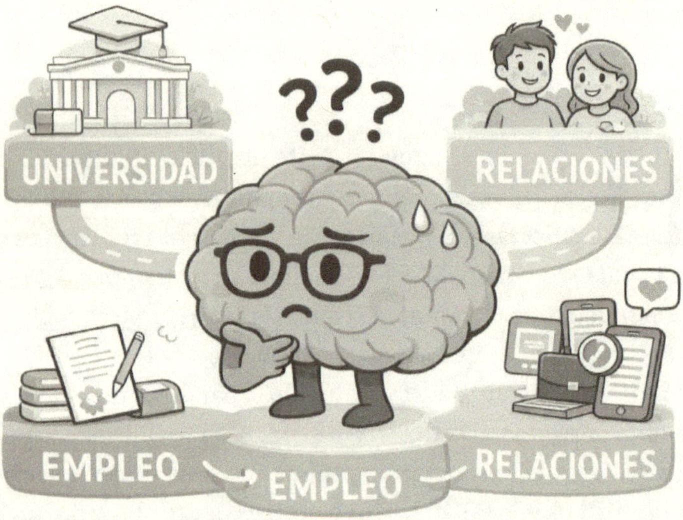

En el empleo pasa algo parecido. Las empresas no solo miran tu currículum: miran señales. Cómo te comunicas, qué tipo de huella dejas, si sabes trabajar con otros, si cuidas tu reputación o si pareces una persona que genera conflictos. A veces es injusto, sí. Pero ocurre. Y cuanto antes lo entiendas, antes puedes usarlo a tu favor: no para aparentar, sino para mostrar una versión coherente y responsable de quién eres.

Y luego están las relaciones, que son el terreno más delicado de todos. Porque lo digital no solo amplifica lo bueno (conexiones, comunidad, apoyo), también amplifica lo difícil: malentendidos, impulsos, comparaciones, celos, exposición, capturas de pantalla y mensajes que se lanzan sin pensar. Una relación puede construirse con confianza... o romperse en un minuto por una publicación que parecía "sin importancia".

Este capítulo no va de asustar a nadie ni de pedir una vida digital impecable. Va de algo mucho más útil: **entender que tu presencia online tiene consecuencias reales** y que, con un poco de cabeza, puedes convertirla en una herramienta a tu favor. Porque, aunque no puedas controlar todo lo que el mundo interpreta de ti, sí puedes controlar cada vez más cómo te presentas, cómo te cuidas y cómo cuidas a los demás.

Y eso, a largo plazo, marca más diferencia de la que parece.

1. La reputación digital tiene impacto real

Antes, la reputación se construía en círculos pequeños: el colegio, el barrio, la familia ampliada. Hoy, la reputación tiene audiencia global: cualquiera puede formarse una opinión sin conocerte en persona.

Esto afecta directamente a tres áreas esenciales (como se ha mencionado en la introducción de este capítulo):

A) Universidad / Estudios superiores

Muchas centros de educación superior revisan la presencia digital de aspirantes cuando tienen candidatos muy similares. No buscan errores, sino señales de madurez, intereses, hábitos y responsabilidad.

B) Empleo

Cada vez más empresas realizan una "búsqueda informal" del nombre del candidato. No es espionaje: es intentar averiguar quién eres más allá del CV. En la práctica, suelen escribir el nombre en Google o en redes sociales para obtener una primera impresión: cómo te comunicas, qué intereses reflejas, qué proyectos has compartido o si existe algún contenido que pueda levantar dudas. No buscan pillar errores, sino comprobar si la persona encaja con los valores de la empresa, si proyecta responsabilidad y si su presencia digital coincide con lo que cuenta en la entrevista.

C) Relaciones sociales

Los adolescentes se conocen primero por redes y después en persona. La imagen digital puede favorecer amistades... o complicarlas. Una foto de perfil, un comentario reciente o un hilo de publicaciones puede generar una primera impresión incluso antes de cruzar una palabra cara a cara. Del mismo modo, un perfil cuidado y natural puede abrir puertas a relaciones sanas, mientras que un perfil impulsivo o agresivo puede alejar amistades potenciales. También influye en dinámicas sociales: qué contenido comparten, cómo interactúan, qué tono utilizan y qué valores transmiten online pueden facilitar afinidades o, por el contrario, generar malentendidos, celos o tensiones que luego se trasladan a la vida real.

2. ¿Qué miran realmente universidades y empresas?

Buscan coherencia, madurez y buen criterio.

1. Proyectos o intereses genuinos

Publicaciones creativas, participación en actividades, portfolios, música, deportes, voluntariado. Cosas que muestran que detrás del perfil hay una persona con intereses reales y, muy importante, con constancia. A las universidades y empresas les encanta ver señales de que el adolescente tiene pasiones que no desaparecen a los tres días. No hace falta ser un genio: un pequeño proyecto, un dibujo, un podcast casero o incluso una explicación sencilla de cómo resolvió un problema en clase pueden causar muy buena impresión.

2. Incoherencias llamativas

Presentarse como responsable, pero comportarse de manera contraria en redes. Por ejemplo: decir en una entrevista que ama el trabajo en equipo... pero luego publicar diez historias seguidas quejándose de que "todo el mundo es un inútil excepto yo". Estas incoherencias no suelen ser malintencionadas; más bien son fruto de la impulsividad típica de la adolescencia. Aun así, generan dudas en quien evalúa el perfil. Algo así como prometer que eres muy ordenado y que tu cuarto hable por ti... pero tu cuarto es Mordor.

3. Señales de riesgo

Contenidos agresivos, discriminatorios o peligrosos. Aquí entra cualquier publicación que pueda hacer pensar que la persona actúa sin empatía, sin responsabilidad o sin medir consecuencias. Comentarios burlones, insultos, "bromas" que no lo parecen, retos peligrosos o participar en discusiones tóxicas. No se trata de ser perfecto, sino de evitar que Internet muestre una versión exagerada de un mal momento.

4. Profesionalidad básica

No buscan perfección; solo responsabilidad general. Nadie espera que un adolescente tenga un perfil digno de LinkedIn, ni fotos con fondo neutro mirando hacia el horizonte. Pero sí esperan señales de sentido común: que no insulte, que no se exponga innecesariamente, que no comparta datos sensibles y que sea capaz de mantener cierta coherencia entre lo que dice y lo que hace.

En resumen: quieren ver que la persona, con sus virtudes y defectos, sabe comportarse sin necesidad de un manual de instrucciones.

3. Ejemplos claros

Ejemplo positivo 1: El chico del proyecto

Un adolescente sube a YouTube un vídeo explicando cómo construyó un robot casero. Años después, al solicitar plaza en ingeniería, su vídeo aparece como primera búsqueda.

Ejemplo positivo 2: La alumna creativa

Una chica usa Instagram para compartir sus ilustraciones. Sin querer, construye un portfolio que luego adjunta a su solicitud universitaria.

Ejemplo problemático 1: El comentario "gracioso"

" La universidad está sobrevalorada." La universidad a la que aplica se lo encuentra. No lo descartan, pero no ayuda.

Ejemplo problemático 2: El vídeo sin contexto

Un adolescente aparece en un vídeo en una fiesta. No hace nada malo, pero la edición transmite otra impresión.

4. ¿Cómo construir una presencia digital que beneficie el futuro?

1. Enseñar que Internet es una ventana

No hay que mostrarlo todo, solo lo que aporta. Internet es como una casa con las cortinas abiertas: tú decides cuánto se ve desde fuera. Si enseñas solo aquello que suma, tu presencia digital se vuelve más coherente y más segura. Si enseñas absolutamente todo... bueno, entonces es como si estuvieras viviendo en un capítulo de un reality show sin haber firmado el contrato.

Ayuda a los adolescentes a entender que cada publicación manda un mensaje, incluso cuando ellos no lo han pensado así. Si comparten solo los mejores momentos, su identidad parecerá de película; si comparten solo los peores, parecerá una telenovela. Lo importante es encontrar el equilibrio.

2. Animar a proyectos públicos positivos

Portfolios, música, dibujos, deporte, voluntariado. Son pequeñas ventanas que muestran lo mejor de ellos. Y no hace falta que sean proyectos épicos estilo "salvar el mundo en un fin de semana". Basta con algo auténtico que refleje intereses reales: un dibujo, un vídeo explicando un experimento, un pequeño proyecto digital, una canción, una animación sencilla, un mini blog...

Piensa en esto como en esas escenas de películas donde el protagonista descubre un talento inesperado. Cuando un adolescente comparte algo creativo o constructivo, está mostrando una parte positiva de su historia. Y eso, para su futuro, pesa más que mil "selfies".

3. Limpiar contenido antiguo

No porque sea malo, sino porque ya no representa al adolescente. Igual que nadie sigue llevando la ropa de cuando tenía ocho años (esperemos), tampoco tiene sentido mantener publicaciones que pertenecen a otra etapa.

Revisar el pasado digital es como ordenar la habitación después de muchos años: siempre aparece algo que te hace pensar "¿pero por qué subí yo esto?". Y no pasa nada. Se borra, se archiva o se pone en privado. Limpiar no es esconder; es actualizar.

4. Trabajar una "marca personal" básica

Transmitir coherencia en intereses, estilo y tono. No hace falta fabricar un personaje perfecto como los de Marvel, nadie necesita otro Tony Stark adolescente, sino mostrar de manera sencilla quién eres y qué te gusta ¿Sabes quién es Tony Stark, verdad? Sino... ya puedes comenzar a ver películas de Marvel. Pista: lleva traje rojo y amarillo (además de metálico)

La marca personal consiste en que tu yo digital tenga sentido: si te encanta el deporte, que haya señales; si te gusta la música, que se vea; si eres una persona reflexiva, que tus publicaciones lo reflejen. No es complicarse la vida, es evitar que tu identidad parezca escrita por cinco guionistas distintos.

5. Evitar contenidos impulsivos

Respirar antes de publicar. El botón no se va a ir. La mayoría de publicaciones de las que luego nos arrepentimos se hicieron en "modo Hulk": mucha emoción, poca reflexión.

Enseñar a esperar un minuto puede evitar problemas enormes. Si algo te enfada, molesta o emociona demasiado, mejor escribirlo en una nota privada primero. Las redes no castigan la calma; al contrario, suelen agradecerla. Y, por suerte, no somos personajes de acción que tengan que tomar decisiones en medio de una explosión.

5. Consejos prácticos para familias

Acompaña sin controlar

Preguntar "¿cómo te sientes con tu presencia online?" funciona mejor que "enséñame el móvil". La primera abre conversación; la segunda activa defensas dignas de un dragón custodiando su tesoro. Acompañar significa estar cerca sin invadir, mostrando interés sin parecer que llevas una lupa en la mano.

Un ejemplo realista: un adolescente recibe un comentario negativo en redes. Si la reacción familiar es "¡dame el móvil ahora mismo!", él se cierra de inmediato. Pero si la reacción es "¿quieres hablar de lo que ha pasado?", el diálogo se abre y la tensión baja. A veces basta con ofrecer un espacio tranquilo para que ellos mismos analicen la situación.

Habla de futuro sin dramatizar

Decir "esto arruinará tu vida" no sirve. Decir "¿crees que esto ayuda a mostrar lo mejor de ti?" abre la reflexión sin convertirse en un discurso dramático. Hablar de futuro debe sonar a acompañamiento, no a una predicción apocalíptica.

Ejemplo práctico: si tu hijo quiere subir una foto que enseña más de la cuenta, no hace falta montar un juicio familiar. Basta con preguntar: "¿Te sentirías igual de cómodo si esto lo viera alguien dentro de cinco años?" Esa pregunta, simple y directa, suele funcionar mejor que cualquier sermón.

Revisad juntos los perfiles

Como revisar ropa que ya no queda bien. Todos tenemos publicaciones que, vistas con perspectiva, nos hacen pensar: "ay… quizá no era mi mejor momento". Revisarlas juntos sirve para decidir qué se queda, qué se archiva y qué se elimina.

Un toque gracioso y útil: proponed un "día de limpieza digital". Igual que ordenar la habitación, pero sin encontrarse calcetines desaparecidos desde la prehistoria. El objetivo es que el perfil muestre quién es el adolescente ahora, no quién era hace años.

Refuerza lo positivo

Reconoce talento y esfuerzo. No todo en Internet son riesgos: también hay oportunidades. Si tu hijo comparte un dibujo, un proyecto, un vídeo o un logro, dale importancia. Eso construye confianza y potencia su identidad digital.

Ejemplo divertido: si sube una foto jugando un partido y tú comentas "¡Bien hecho, campeón!", eso suma. Si comentas "¡más vale que apruebes matemáticas también!", eso resta... y se queda registrado para la eternidad digital. Mejor ser un animador que un aguafiestas.

6. Consejos prácticos para adolescentes

- **No tienes que impresionar a nadie.** Ni a los desconocidos de Internet, ni a tus compañeros, ni al algoritmo. Tu identidad digital no es un concurso de popularidad, aunque a veces las redes lo parezcan.
- **No publiques enfadado.** La mayoría de publicaciones impulsivas terminan en arrepentimiento. Escribe lo que sientes... pero en una nota privada. Espera. Léelo otra vez. Si te sigue pareciendo buena idea, adelante. Si no, enhorabuena: te has ahorrado un lío.
- **No grabes sin permiso.** Aunque parezca obvio, grabar o

publicar vídeos de otros puede provocar problemas grandes (y no del tipo "se me olvidó hacer la tarea"). La privacidad es un derecho, no un filtro opcional.

- **La reputación se construye con constancia.** No hace falta ser perfecto; basta con ser coherente. Un buen comentario, un proyecto chulo o una interacción amable pesa más de lo que crees.
- **Si algo te incomoda, pide ayuda.** Nadie nace sabiendo gestionar el mundo digital. Si algo te preocupa, confunde o molesta, hablarlo siempre será mejor que comértelo tú solo. Internet no tiene botón de "deshacer", pero las conversaciones sí ayudan a reparar.

7. Mini-checklist final

- ¿Tu perfil ayuda a tus oportunidades futuras?
- ¿Tienes publicaciones antiguas que ya no te representan?
- ¿Entiendes que tu reputación digital importa?
- ¿Podrías explicar tu identidad sin vergüenza?
- ¿Has mostrado algún proyecto positivo?
- ¿Tienes equilibrio entre diversión y responsabilidad en tus redes?

8. Sugerencias para el profesorado

1. Actividad: "Tu yo digital del futuro"

Invitar a los estudiantes a imaginar cómo les gustaría que un futuro entrevistador, tutor o responsable de prácticas les viera online. Después, comparar ese ideal con su perfil actual.

2. Taller de reputación digital

Analizar perfiles ficticios y debatir qué transmiten: ¿seguridad?, ¿creatividad?, ¿descuido?, ¿responsabilidad? Dar ejemplos variados y dejar que ellos mismos argumenten.

3. Dinámica de antes y después

Pedir a los alumnos que tomen una publicación impulsiva inventada y la reescriban desde una perspectiva más madura. Sirve para comprender cómo una pequeña modificación cambia la impresión general.

4. Simulación: "Busca a tu candidato ideal"

Los estudiantes, como si fueran reclutadores, analizan perfiles ficticios creados por el profesorado. Luego explican por qué aceptarían o rechazarían a cada candidato.

5. Proyecto final

Crear un portfolio digital sencillo con intereses positivos: dibujos, proyectos, actividades del colegio, música, experiencias personales o metas futuras. Debe ser breve, auténtico y representativo.

Conclusión del capítulo

En resumen, la identidad digital es como una mochila que todos llevamos a cuestas: a veces pesa, a veces impulsa, pero siempre va con nosotros. Lo importante es decidir qué metemos dentro. Si llenamos la mochila de publicaciones impulsivas, comentarios fuera de lugar o fotos que ni recordábamos haber subido, el camino se hace más difícil. Si, en cambio, añadimos proyectos, creatividad, responsabilidad y sentido común, la mochila se convierte en un aliado.

Y si aún queda alguna duda sobre por qué todo esto importa, piensa en esto:

Tu yo del futuro probablemente ya te está dando las gracias... y tu yo del pasado está intentando no hacer demasiados spoilers.

Porque, al final, Internet no olvida, pero nosotros sí podemos aprender a hacerlo mejor cada día.

7

Seguridad Digital Básica: Cómo evitar sustos innecesarios (y algún que otro drama familiar)

La palabra "seguridad digital" suele activar dos reacciones extremas:

1. **En adolescentes:** "Uf. Otro sermón. Ya sé cómo funciona Internet, gracias."
2. **En familias:** "¡El móvil del niño es una bomba con temporizador y solo quedan 14 segundos!"
3. **En profesorado:** "¿Puedo dar esta clase sin que nadie entre al Wi-Fi con la contraseña '12345'? No. No puedo."

La realidad está entre medias: **Internet no es un campo de minas... pero tampoco un parque infantil con colchonetas.**Es un lugar donde pasan cosas maravillosas, útiles, peligrosas y absurdas, a menudo todo a la vez.

Lo bueno es que la seguridad digital **no va de miedo**, sino de

hábitos y criterio. Este capítulo es una guía clara, práctica y con humor para sobrevivir sin perder la cordura.

1. Las amenazas digitales reales (y otras que parecen chiste pero no lo son)

La mayoría de los sustos en Internet vienen de cosas muy simples:

- contraseñas débiles,
- despistes,
- mensajes falsos que parecen reales,
- aceptar solicitudes de desconocidos,
- publicar demasiado,
- confiar demasiado,
- o darle al botón "**Enviar**" antes de darle al botón "**Pensar**".

Vamos una por una, con calma... y con alguna que otra carcajada.

1.1. Las contraseñas: la tragedia más repetida en la historia digital

Si hiciéramos un documental, se llamaría:
"Contraseñas terribles: una historia de amor y dolor"
Y la protagonista sería la combinación universalmente peligrosa: **NombreDelPerro123**.

Errores clásicos

- Usar la misma contraseña para todo.
- Fechas de nacimiento.
- Nombres del colegio.
- "No tengo nada que esconder".

Microhistoria

El día que "Sofi2008" fue hackeada Sofía usaba la misma contraseña para TikTok, Gmail, Spotify, el Wi-Fi y probablemente las luces del árbol de Navidad. Un día recibe: "Tu contraseña aparece en una filtración". Ella piensa: "Pero si no soy famosa, ¿qué quieren de mí?". En una hora, alguien ya había intentado entrar en cuatro cuentas.

Spoiler: sobrevivió. Pero ahora usa un gestor de contraseñas porque su madre casi le hace una intervención familiar.

Soluciones prácticas

- Usar **frases largas difíciles de adivinar**.
- Mejor que una palabra suelta es una frase entera que tenga sentido para ti pero no para los demás. Por ejemplo: *ElGatoDeMiVecinaNoPagaNetflix2024*.
- Cuanto más larga sea la contraseña, más difícil es de romper. Tres o cuatro palabras encadenadas suelen ser mucho más seguras que "Pepito123".
- Evita datos obvios: nombres, fechas de nacimiento, nombre del cole, equipo de fútbol favorito... Si alguien te conoce un poco, lo intentará.
- Una buena prueba: si alguien que te conoce podría adivinarla en una tarde aburrida, no es buena contraseña.
- Activar **doble verificación**.
- También llamada verificación en dos pasos o "segunda barrera".
- Funciona así: aunque alguien acierte tu contraseña, necesitaría además un código extra que llega a tu móvil, a una app autenticadora o a tu correo.

- Es como tener llave y cerrojo adicional: aunque pierdas la llave, la puerta no se abre sola.
- Es especialmente importante activarla en:
- correo electrónico,
- redes sociales principales,
- cuentas de juegos con compras,
- y cualquier servicio donde tengas datos personales o bancarios.
- Puede parecer un paso más al inicio, pero es un paso que puede ahorrarte muchos dolores de cabeza (y muchas conversaciones tensas en familia).

Consejos básicos y rápidos para comprobar si vas por buen camino

Aunque dé mucha pereza, y sí, la da, hay una serie de comprobaciones express que todos deberíamos hacer de vez en cuando. Son como lavarse los dientes: duran poco, pero si no las haces... luego vienen los problemas.

- **Actualiza el sistema y las apps.** A nadie le emociona ver la notificación de "hay una actualización disponible", pero esas actualizaciones cierran agujeros de seguridad. Si no las instalas, es como dejar una ventana abierta cuando te vas de vacaciones.
- **Revisa qué dispositivos tienen acceso a tus cuentas.** En Google, Apple, Instagram, Spotify... puedes ver todos los dispositivos conectados. Si aparece uno que no reconoces, como un tal *Samsung Galaxy de Uzbekistán*, eso NO es normal.
- **Comprueba los permisos de las apps.** Algunas apps

piden más permisos que un adolescente queriendo volver a casa a las 3a.m. Cámara, micrófono, ubicación... revísalo. Muchas apps no necesitan tanto.

- **Mira qué sesiones tienes abiertas en redes sociales.** A veces dejamos la sesión abierta en ordenadores ajenos, tablets del cole o incluso la tele. Es básicamente invitar a Internet entero a entrar en tu cuenta.
- **Limpia tus publicaciones antiguas.** No hace falta borrarlo todo, pero sí preguntarte: "¿Me representa todavía?" Si la respuesta es no, *archivar* es tu mejor amigo.
- **Usa un gestor de contraseñas.** Te olvidas de memorizarlas, te propone contraseñas seguras y te avisa si alguna se ha filtrado. Es como tener un mayordomo digital que no juzga tus decisiones.
- **Revisa las copias de seguridad.** Especialmente en móviles. Tener copia es como tener un salvavidas: no lo valoras hasta el día en que te cae el móvil al baño.

Estos mini-chequeos no llevan más de 3–4 minutos cada uno, pero juntos construyen una muralla digital decente. No hace falta ser hacker ni experto: solo dedicar un ratito para evitar sustos gordos.

1.2. Suplantación de identidad: más común de lo que parece

Suena a película, pero la versión adolescente es menos glamourosa:

"Alguien creó una cuenta con mi foto y está hablando con mis amigos."

O peor:

"Me escribió mi primo... pero no era mi primo."

Por qué ocurre

Porque copiar una foto y un nombre es fácil, y porque tendemos a confiar si reconocemos la imagen. Además, en redes sociales solemos reaccionar rápido: vemos una foto familiar, un nombre conocido o un mensaje aparentemente normal y asumimos que todo es legítimo. Ese segundo de confianza automática es justo lo que aprovechan los suplantadores. A veces incluso escriben como nosotros, imitando expresiones o emojis, lo que hace que el engaño parezca todavía más convincente.

Y, por si fuera poco, muchas plataformas muestran solicitudes o mensajes con diseños prácticamente idénticos entre cuentas reales y cuentas falsas.

Consejos sencillos (pero muy efectivos) para detectar suplantaciones al vuelo

A veces no hará falta un máster para detectarlas, solo **parar tres segundos** y revisar estas pistas rápidas:

- **Fíjate en el nombre de usuario.** Si tu amigo se llama *María López* y la cuenta nueva se llama *M4ria.Lopez__Oficial*, algo huele raro. Tus amigos no suelen convertirse en versiones "premium" de sí mismos.
- **Mira la foto de perfil.** ¿Es la misma foto, pero recortada o pixelada? ¿Demasiado perfecta? ¿De catálogo? Mala señal.
- **Observa cómo escribe.** Todos tenemos un estilo. Si tu primo jamás usa emojis y de repente te escribe: "Holaaaaa ", probablemente no es tu primo... o ha sido poseído.
- **Haz una comprobación rápida fuera de la app.** Llama, envía un audio o un mensaje por otro canal. Si tu amigo te dice: "¿Qué cuenta nueva?", misterio resuelto.
- **Desconfía si te piden algo.** Fotos, códigos, dinero, información personal... tus amigos reales no suelen escribirte de repente para pedirte tu DNI «porque sí».
- **Mira la fecha de creación de la cuenta.** Muchas redes lo muestran. Si la cuenta se creó hace dos horas... no es precisamente una relación de confianza construida con el tiempo.

Estos consejos parecen evidentes, pero en el día a día nos pillan con prisa, haciendo la cena o estudiando. Parar un momento y hacer estas comprobaciones evita muchísimos problemas.

1.3. Phishing: el arte de engañarte sin que te des cuenta

El phishing es el Picasso de los engaños digitales: parece auténtico... hasta que miras los detalles. Y como buen arte abstracto, todo el mundo dice que lo entiende, pero pocos lo hacen de verdad. A simple vista, el mensaje parece legítimo, educado, profesional... pero cuando lo observas con atención descubres pinceladas sospechosas: faltas de ortografía, urgencias inexplicables y enlaces dignos de un teclado poseído.

¿Qué es exactamente el phishing?

Es un intento de engaño diseñado para que reveles información personal, contraseñas, datos bancarios, códigos o incluso tu paz mental, haciéndote creer que hablas con alguien de confianza. Es como si un desconocido se pusiera tu sudadera favorita, fingiera tu manera de hablar y se colara en tu casa diciendo: "Soy yo, abre".

¿Por qué funciona tan bien?

Porque juega con tres debilidades humanas universales:

- **La prisa.** Nadie piensa con claridad cuando ve un mensaje tipo: "¡URGENTE, TU CUENTA SERÁ CERRADA EN 24 MINUTOS!".
- **La curiosidad.** ¿Un paquete? ¿Un premio? ¿Un reembolso inesperado? Nuestro cerebro ya está de fiesta antes de verificar nada.
- **El miedo.** "Tu cuenta ha sido bloqueada", "sospechamos

actividad irregular", "debes actualizar tus datos"... Nada como un sustito para que el dedo haga clic sin consultar al cerebro.

Un ejemplo visual (sin cuadros de museo)

Imagina que recibes un mensaje del banco. Todo parece normal... salvo porque:

- El logo parece hecho en Paint 2002.
- El remitente es "seguridad-bancaria-real-verdadera@hotmail.com".
- El enlace empieza por "http://no-es-una-estafa-confia-en-mi.ru".

Aun así, hay quien cae porque está preparando la cena, ayudando con deberes o viendo una serie y responde sin pensar demasiado. **Y eso es exactamente lo que quieren.**

Ejemplos reales:

- "Tu paquete no ha podido ser entregado, paga 2,99€ aquí." (No has pedido nada.)
- "Tu banco ha bloqueado tu cuenta, entra en este enlace." (Tu banco jamás habla así.)
- "Hola, soy mamá, he perdido el móvil, pásame dinero." (Mamá está en el salón viendo una serie.)

Microhistoria

La vez que el padre de Lucas casi compra un castillo en Moldavia

Recibe un mensaje: "Usted ha ganado un premio inmobiliario internacional". Él piensa: "Nunca he participado, pero oye, nunca se sabe".

Por suerte, Lucas le dice: "Papá, si fuera real, no te escribirían desde un correo de 'winnermoldavia2024@bricosexpress.com' ".

Cómo evitarlo

Aquí es donde pasamos del susto a la estrategia. Evitar caer en phishing no requiere un posgrado en ciberseguridad, sino **parar un momento, mirar con detalle y aplicar unas cuantas comprobaciones sencillas**. Aquí tienes una versión ampliada, clara y, por supuesto, con un toque de humor.

1. Desconfía de los mensajes alarmistas

El objetivo del phishing es ponerte nervioso para que no pienses. Si un mensaje suena a:

- "¡Último aviso!"
- "¡Tu cuenta será eliminada YA!"
- "¡Corre o perderás acceso para siempre!"

ten claro que el 99% de las veces es una táctica de presión. Las empresas reales no envían correos escritos como si fueran el villano final de un videojuego.

Consejo exprés: si te hace acelerar el pulso, frena. Respira. Mira el mensaje de nuevo.

2. No hagas clic en enlaces sospechosos (aunque te pique la curiosidad)

Los enlaces son el arma favorita del phishing. Parecen normales, pero llevan a réplicas falsas de webs oficiales.

Antes de hacer clic:

- Mantén el dedo pulsado o pasa el ratón por encima para ver el enlace completo.
- Si el enlace contiene palabras raras, dominios extraños o falta alguna letra ("gogle.com", "banc0-seguro.net"), es trampa.
- **Regla de oro:** Nunca abras un enlace que te llega por mensaje si no estabas esperando nada.

Ejemplo realista: Si Correos te escribe sobre un paquete y tú no has pedido ni una goma de borrar... sospecha.

2.1. ¿Y qué pasa cuando SÍ estás esperando un paquete o un aviso?

Este es el truco maestro del phishing: a veces coincide con que *de verdad* estás esperando algo, un paquete, un email del banco, una confirmación de reserva, y eso hace que bajes la guardia.

Por eso, aunque el mensaje parezca oportuno, **nunca confíes solo porque "encaja con tu vida ahora mismo"**.

Aquí va el método seguro:

- **Entra tú mismo en la web oficial**, escribiendo la dirección a mano: nada de enlaces.
- O abre la **app oficial** del servicio (Amazon, Correos, tu banco...).
- Comprueba allí si realmente hay un aviso, incidencia o mensaje.

Si en la app todo está normal pero el mensaje decía "URGENTE, TU PAQUETE ESTÁ RETENIDO", ya sabes: era una trampa bien sincronizada.

Piensa en esto como cuando llaman a la puerta justo el día que esperas un paquete: no abres sin mirar por la mirilla, ¿verdad? Pues en digital, la mirilla es **la web o app oficial**.

3. Comprueba siempre el remitente

A veces el nombre muestra algo confiable como "BancoSegurísimo", pero la dirección es:

ban.co.seguridad@avisos-online-pro.net

Las empresas reales usan dominios profesionales, no correos que parecen creados en una cafetería con Wi-Fi gratis.

Pistas clave para identificar lo falso:

- Dominios largos y sin sentido.
- Mucho número y guión.
- Faltas de ortografía.
- Direcciones que no coinciden con la institución verdadera.

4. Activa la verificación en dos pasos (tu escudo extra (mencionado antes, es que es muy importante y soy un pesado)

Incluso si alguien cae en el engaño y consigue tu contraseña, **la doble verificación bloquea el acceso**. Así que aunque metas la pata, hay un salvavidas.

Es especialmente importante en:

- Correo electrónico (la llave de todas tus cuentas),
- Redes sociales,
- Banca online,
- Plataformas de juego.

Bonus: Si te llega un código de verificación que tú no pediste, alguien está intentando entrar.

5. Contrasta la información por otro canal

Si recibes un mensaje "del banco", no respondas al mensaje.

Haz esto:

- Entra en la web oficial **escribiendo tú la dirección**.
- Llama al número del banco que aparece en tu tarjeta.
- Pregunta directamente.

Si el mensaje era falso, ellos te lo aclararán al instante.

6. Aprende a detectar las señales típicas del phishing

El 90% de los intentos de phishing comparten estos rasgos:

- Urgencia exagerada.
- Petición de datos personales.
- Amenazas o advertencias drásticas.
- Premios demasiado buenos para ser verdad.
- Tono extraño o incorrecto.
- Enlaces sospechosos.

Si un mensaje tiene **dos o más** de estos elementos, trátalo como si ardiera.

7. Y lo más importante: asume que nadie regala nada

El phishing vive del "por si acaso". Pero no, **no has ganado una casa, un iPhone, un viaje ni un jamón** sin haber participado en nada.

8. La IA y el phishing: el cambio de paradigma

Hasta ahora, el phishing tenía sus propias "señales delatoras": faltas de ortografía, logos mal recortados, mensajes sospechosamente dramáticos... Pero **la inteligencia artificial está cambiando las reglas del juego**, y esto nos obliga a todos, adolescentes, familias y profesorado, a estar más alerta que nunca.

¿Qué ha cambiado?

Antes, muchos mensajes falsos se detectaban casi al instante porque parecían escritos por alguien con prisa... o con el corrector automático rebelado. Hoy, gracias a la IA:

- Los mensajes están *mucho mejor redactados.*
- El tono imita al de empresas reales.
- La gramática y la ortografía ya no fallan.
- Incluso pueden imitar la forma de escribir de una persona concreta.

Esto significa que **el detector de "esto suena raro" ya no es tan fiable como antes**.

IA que escribe como si fuera tu banco (o tu primo)

Herramientas de IA permiten generar correos, SMS o mensajes que suenan 100% profesionales. Pueden replicar:

- El estilo formal de un banco,
- La amabilidad calculada de una empresa de envíos,
- O incluso frases típicas de alguien a quien conoces.

No porque la IA "sepa quién eres", sino porque los atacantes pueden darle instrucciones muy detalladas:

"Escribe un mensaje amable, convincente y urgente como si fueras un banco, pidiendo verificación de datos."

Y la IA lo hace... mejor que muchos humanos.

¿Por qué esto es un problema real?

Porque la barrera psicológica baja. Antes nos salvaba el pensamiento:

"Esto está tan mal escrito que seguro es falso."

Ahora, los mensajes tienen:

- tono perfecto,
- estructura profesional,
- logos bien colocados,
- instrucciones claras.

Conclusión: cada vez es más difícil diferenciar un mensaje real de uno fraudulento.

¿Qué podemos hacer? Cambiar el chip.

La IA hace el phishing más inteligente, así que nosotros debemos volvernos más prudentes. No más clics impulsivos.

Nuevas reglas del juego:

- **Desconfiar primero, comprobar después.** Incluso si el mensaje parece impecable.
- **No fiarse del tono perfecto.** Ahora *todos* los mensajes pueden sonar profesionales.
- **Ir siempre a la web o app oficial.** Más que nunca, este es el refugio seguro. Si, lo sé, ya lo he dicho, pero sigo siendo pesado, ya me conoces.
- **Asumir que cualquiera puede imitar a cualquiera.** Texto bien escrito no significa texto legítimo.
- **Activar notificaciones y filtros oficiales.** Las empresas

reales usan canales claros y verificables.

Un ejemplo para entenderlo fácil

Antes:

"Tu paquete est estga retnedido, paga aci 2,99€" → falso al 0,2 segundos.

Ahora:

"Estimado cliente: Hemos detectado una incidencia en el envío asociado a su dirección. Para liberar el paquete, revise la información pendiente en el siguiente enlace verificado."

Da miedo lo convincente que puede sonar... y lo rápido que podríamos caer si no paramos a pensar.

Mensaje final: la IA mejora el phishing, pero también tus defensas

La buena noticia es que **la misma IA que utilizan los estafadores también puede alertarnos**: navegadores, apps de email y sistemas de seguridad usan algoritmos avanzados para detectar fraudes.

Pero nada sustituye a esto:

una pausa de tres segundos antes de hacer clic.

Ese pequeño hábito vale oro.

1.5. Exposición excesiva: publicar demasiado sin pensarlo

No hace falta publicar toda tu vida para tener presencia. Pero ciertos tipos de publicaciones pueden revelar más de lo que imaginas, incluso cuando parecen completamente inocentes.

Ejemplos peligrosos (y por qué lo son) 1

1. Fotos con la ubicación activada

A veces no es lo que se ve en la foto, sino lo que **no** se ve: los metadatos. Una simple imagen puede incluir la calle exacta donde se tomó, la hora y, en algunos casos, la ubicación GPS.

Esto puede permitir que desconocidos:

- identifiquen dónde vives o estudias,
- sepan cuándo sueles estar en casa o fuera de ella,
- reconstruyan tus movimientos diarios.

Ejemplo: Subes una foto en tu habitación. No pasa nada... salvo que la etiqueta automática dice "Calle X, 19:32h". Con eso, un desconocido sabe tu ubicación con precisión quirúrgica.

2. Uniformes escolares visibles

El uniforme escolar no solo indica dónde estudias: también revela en qué ciudad te mueves, qué zonas frecuentas y a qué hora entras y sales.

En combinación con otros datos publicados, se convierte en un mapa bastante preciso de tu rutina.

Ejemplo: Foto con uniforme + publicación de "camino al cole" + hora de publicación = ubicación y horario confirmados sin querer.

3. Horarios, direcciones y rutinas

Publicar constantemente:

- "Salgo del cole a las 17:00",
- "Entreno todos los martes a las 18:30",
- "Estamos siempre en el parque tal",

crea un patrón que cualquiera puede seguir.

Esto no significa vivir con paranoia, sino entender que la información repetitiva permite **predecir** dónde estarás y cuándo.

4. Publicaciones que muestran entradas, llaves o interior de la casa

A veces lo peligroso no es la foto en sí, sino lo que se cuela detrás:

- La marca de la cerradura,
- Una ventana abierta,
- Un objeto identificable,
- El plano de la casa,
- O incluso las llaves en un llavero reconocible.

No son detalles obvios… hasta que alguien que busca información los analiza.

5. Señalar que la casa está vacía

El clásico del verano:

"Nos vamos dos semanas de vacaciones, ¡adiós mundo!"

Suena inocente, pero es equivalente digital a poner un cartel luminoso de "NO HAY NADIE EN CASA, PASEN Y VEAN".

Incluso si tu perfil es privado, siempre existe riesgo de captura, reenvío o cuentas que no tenías controladas.

En resumen

La exposición excesiva no es peligrosa por un *solo* dato aislado, sino porque **cada dato es una pieza de puzzle**. Cuando juntas varias piezas:

- ubicación,
- horarios,
- uniforme,
- rutinas,

obtienes una imagen completa.

La clave no es dejar de publicar, sino publicar **con cabeza**.

Ejemplo divertido:

"Me voy de vacaciones dos semanas, aquí mi casa, aquí mis llaves, cuidaos."

1.6. Seguridad emocional: cuando lo digital afecta por dentro

No solo hay riesgos técnicos; también emocionales. Las pantallas no muerden, pero a veces lo que ocurre detrás de ellas sí.

¿Por qué es tan importante?

Porque para un adolescente la vida digital **no es paralela** a la real: forma parte de ella. Lo que ocurre online afecta directamente a su estado de ánimo, autoestima y relaciones.

Situaciones comunes que hacen daño

- **Comentarios negativos o burlas:** Un simple "qué cringe" puede tener más impacto del que un adulto imagina.
- **Comparaciones constantes:** Cuerpos perfectos, vidas perfectas, éxitos perfectos... aunque la mitad sea mentira. El cerebro adolescente no siempre distingue.
- **La presión de estar siempre disponible:** Si no contestas rápido, "te enfadas"; si no publicas, "desapareces". Una rueda agotadora.
- **La sensación de "no pertenecer":** Si no sales en las fotos del grupo, si no te etiquetan, si no te mencionan... puede sentirse como exclusión real.

¿Qué necesitan los adolescentes?

- Espacios seguros para hablar sin miedo a juicios.
- Recordatorios constantes de que **la vida digital está editada**.
- Familias que acompañen sin minimizar ("no es para tanto") ni dramatizar ("esto es gravísimo").

Reflexión

Internet no necesita ser un lugar perfecto, solo un lugar seguro.

1.7. Videojuegos y chats

Los juegos online son maravillosos... hasta que no lo son. Para muchos adolescentes, es su espacio social principal. Pero como cualquier espacio social, tiene riesgos.

Riesgos típicos (explicados en claro)

- **Conversaciones con desconocidos:** Cualquiera puede hacerse pasar por un adolescente. A veces lo son; a veces no.
- **Insultos o acoso:** El anonimato es el mejor amigo del "valentón digital".
- **Solicitudes de datos personales:** Edad, ciudad, fotos... En los chats no hay control real.
- **Petición de fotos o vídeos:** Nunca debe normalizarse.
- **Presión para sumar al grupo a redes privadas:** "Dame tu Instagram para hablar luego". No siempre es buena señal.

¿Cómo acompañar sin prohibir?

- Hablar sobre **no compartir datos**.
- Enseñar a **bloquear y reportar**.
- Acordar horarios y espacios de juego.
- Interesarse por el juego: "¿Con quién juegas? ¿Qué hacéis?"

Regla de oro

"Si no hablarías con esa persona en la vida real, no lo hagas en el chat."

1.8. Apps efímeras

Las apps que prometen que "todo desaparece" son el equivalente digital a escribir un mensaje en la arena: poético, sí, pero alguien puede hacer una foto antes de que llegue la ola.

Y aquí está el problema: **muchos adolescentes creen que lo efímero es seguro... cuando en realidad es solo efímero en teoría.**

Vamos a desmontarlo bien, paso a paso.

¿Por qué son un riesgo? (Explicación ampliada)

Estas apps transmiten una falsa sensación de privacidad porque:

- **Las capturas de pantalla existen.** Aunque la app avise, eso no impide que el receptor ya tenga guardado lo que enviaste.
- **Los reenvíos existen.** En milisegundos, un contenido pensado para una persona puede estar en un grupo de 30.

- **Las grabaciones de pantalla existen.** Y la app NO siempre detecta que alguien está grabando.
- **Las cámaras externas existen.** Sí, también el clásico móvil haciendo una foto a otro móvil. Tecnológicamente cutre, pero eficaz.
- Muchas plataformas **guardan el contenido más tiempo del que dicen** para moderación, seguridad o motivos legales.
- **Nada garantiza que el receptor sea quien dice ser.** Puedes creer que envías algo a una persona de confianza... y no ser así.

¿Qué tipo de riesgos generan?

Aquí es donde se vuelve más serio. Las apps efímeras pueden provocar:

- **Difusión no deseada de fotos o vídeos**, incluidos contenidos íntimos.
- **Presiones emocionales o chantajes**, especialmente en relaciones adolescentes.
- **Conflictos sociales** cuando una imagen "privada" se hace pública.
- **Daño a la reputación digital**, porque una captura dura para siempre.
- **Sensación de culpa o vergüenza**, incluso cuando el error no ha sido del todo tuyo.

Lo que los adolescentes deben saber (con más detalle)

- **"Desaparece" no significa "no queda rastro".** Significa que tú no lo ves... pero otra persona puede conservarlo.
- **Un contenido íntimo nunca es controlable al 100%.** Una vez enviado, sale de tus manos.
- **Si algo puede usarse para hacer daño, alguien puede intentarlo.** No por maldad pura, a veces por inmadurez, impulsividad o simple tontería.
- **Los impulsos duran segundos; las capturas duran años.**

Ejemplos claros para que lo entiendan

- "Solo era para mi pareja." → Ahora también lo tiene su mejor amigo porque "se lo enseñé para pedir opinión".
- "Era un vídeo tonto, se borraba en 10 segundos." → Capturado en 0,3.
- "No pasa nada, confío en esta persona." → Perfecto... hasta que ya no.
- "Es que todos lo hacen." → Sí, y por eso todos tienen alguna historia que preferirían olvidar.

Cómo explicarlo sin que parezca un sermón

- No es un "NO LO HAGAS", sino un: **"Si decides hacerlo, que sea con cabeza y sabiendo los riesgos reales."**
- Usar ejemplos prácticos les ayuda más que discursos abstractos.
- Recordarles que equivocarse no significa arruinarse: lo importante es pedir ayuda si algo se sale de control.

Un mensaje importante

Nada desaparece del todo. Si no quieres que pueda circular, no lo envíes.

1.9. Qué hacer cuando hay un hackeo REAL

Cuando ocurre un hackeo, el cerebro entra en **modo pánico**. El corazón acelera, el dedo tiembla y aparece la frase universal: *"¡Me han robado todo!"*. Tranquilidad. Un hackeo es grave, sí, pero no es el fin del mundo digital. Lo importante es **actuar rápido y con orden**, no en "modo caos".

Aquí tienes una guía ampliada, clara y pensada para evitar dramas mayores.

Señales de que te han hackeado (por si aún dudas)

Antes de entrar en acción, conviene reconocer los síntomas típicos:

- Ya no puedes entrar en tu cuenta, aunque la contraseña es correcta.
- Te llegan códigos de verificación que tú **no has solicitado**.
- Ves publicaciones o mensajes que tú no escribiste.
- Aparecen dispositivos conectados desde lugares imposibles (hola, "Samsung Corea del Sur").
- Te notifican intentos de acceso sospechosos.
- Tus amigos te dicen: "¿Por qué me has pedido dinero?" y tú estabas tan tranquilo merendando.

Si ocurre **una sola** de estas cosas, procede como si fuera real. Peor es esperar.

Pasos claros (explicados con más detalle y calma)

1. Cambia la contraseña de inmediato

Piensa en esto como cerrar la puerta cuando notas corriente. Aunque ya esté medio abierta, ciérrala para evitar más daño.

- Usa una contraseña totalmente nueva.
- Evita repetir contraseñas antiguas.
- No uses nombres, fechas, ni nada predecible.

2. Revisa qué dispositivos tienen acceso

En Google, Apple, Instagram, TikTok y demás plataformas puedes ver la lista de dispositivos conectados.

- Si ves algo raro como *iPhone 12 – Canadá,* y tú no has salido del pueblo desde 2018… **desconecta y expulsa**.
- Cierra todas las sesiones abiertas por si acaso.

3. Activa la verificación en dos pasos (sí, otra vez lo digo)

No es insistencia, es amor digital. La verificación en dos pasos convierte tu cuenta en una casa con doble cerradura.

- Aunque el atacante tenga tu contraseña, no podrá entrar sin el código extra.

- Hazlo especialmente en: correo, redes sociales, banca, juegos.

4. Avisa a familiares y amigos si te han suplantado

Si alguien ha usado tu cuenta para pedir dinero, información o fotos, necesitas que la gente lo sepa.

- Una frase simple sirve: "Me han hackeado, ignora cualquier mensaje raro".
- No es vergonzoso: le pasa a muchísima gente.

5. Respira. Luego actúa.

El pánico hace que tomemos malas decisiones: borrar cosas sin pensar, reinstalar apps o caer en supuestos "servicios de recuperación" que también son estafas.

- Respira hondo.
- Actúa siguiendo estos pasos, uno por uno.

6. Revisa apps conectadas a tu cuenta

A veces el problema **no es la red social**, sino una aplicación externa a la que diste permisos hace años.

- Quita permisos a todo lo que no reconozcas.
- Piensa en ello como limpiar el trastero digital.

7. Contacta con el soporte oficial

Las plataformas suelen tener herramientas de recuperación:

- formularios específicos para hackeos,
- cierre temporal de la cuenta,
- recuperación mediante documentos o selfies,
- revisión de actividad sospechosa.

Si el hackeo afecta a **dinero**, contacta de inmediato con:

- tu banco,
- tu compañía telefónica (si han duplicado tu SIM),
- o la policía, si procede.

Consejos extra que poca gente explica

- **Cambia las contraseñas de todas las cuentas donde uses la misma.** Sí, da pereza. Sí, es necesario.
- **Revisa compras, suscripciones y pagos automáticos.** A veces cuelan un gasto pequeño para "probar".
- **Activa alertas de inicio de sesión.** Así sabrás si alguien intenta entrar.
- **Revisa tu correo de recuperación.** Si está comprometido, todo lo demás también lo estará.

Microejemplo realista

"Claudia notó que no podía entrar en Instagram. Cambió la contraseña, bien. Pero no revisó los dispositivos conectados, mal. El atacante seguía dentro. Moral: cerrar la puerta no sirve si el ladrón ya está en el salón."

Mensaje para tranquilizar

Un hackeo es estresante, sí, pero **se puede recuperar el control** si sabes qué hacer y no pierdes la calma. Lo importante es actuar rápido, revisar todo con paciencia y reforzar la seguridad para que no vuelva a ocurrir.

2. Consejos prácticos para adolescentes

Los adolescentes no necesitan un manual técnico, sino **reglas claras que entiendan y recuerden**.

Consejos explicados

- **No tienes que impresionar a nadie.** El algoritmo no es tu jefe. Publicar por presión es publicar sin pensar.
- **No publiques enfadado.** Lo que hoy es rabia, mañana es arrepentimiento. La mitad de los problemas digitales nacen de impulsos.
- **No grabes sin permiso.** El respeto es la base de cualquier convivencia digital.
- **Tu reputación se construye día a día.** Cada publicación suma o resta. Todo tiene impacto.

- **Pide ayuda sin miedo.** Nadie nace sabiendo gestionar Internet. Hablar a tiempo evita líos grandes.
- **Piensa antes de aceptar solicitudes.** No todo el mundo es quien dice ser.
- **Desactiva la ubicación si no es necesaria.** No hace falta anunciarle al mundo dónde estás.
- **Haz limpiezas digitales periódicas.** Lo que ya no te representa, se archiva.

3. Consejos prácticos para familias

Acompaña sin controlar

Controlar genera silencio; acompañar genera confianza. A un adolescente no le intimida Internet: le intimidan los adultos que reaccionan exagerando. Por eso, la frase "enséñame el móvil" suele cerrar puertas. En cambio, frases como:

- "¿Quieres que lo revisemos juntos?"
- "Si algo te incomoda, cuéntamelo sin miedo, no voy a gritar."
- "¿Quieres que te ayude a configurarlo para que esté más seguro?"

tienen un efecto completamente diferente. Transmiten apoyo, no vigilancia. El objetivo no es inspeccionar, sino **estar disponible**.

Habla sin exagerar

Ni amenazas tipo "¡Internet te va a arruinar la vida!" ni mensajes de despreocupación tipo "no pasa nada, es solo una foto". Lo que mejor funciona es **la proporcionalidad**. Los adolescentes se cierran cuando sienten que los adultos sobrerreaccionan, pero también cuando sienten que sus problemas se infravaloran.

Un enfoque equilibrado podría ser:

- "Esto no es el fin del mundo, pero sí es algo importante."
- "Vamos a entender qué pasó y cómo evitarlo la próxima vez."
- "No estás castigado: estás aprendiendo."

El objetivo no es dramatizar, sino **guiar**.

Revisad perfiles juntos

Revisar perfiles no es un interrogatorio, sino una especie de "fitting digital". Igual que eliges ropa que encaja con quién eres, también eliges qué publicaciones reflejan tu identidad.

Puedes proponerlo como algo natural:

- "¿Vemos juntos tu perfil para ver si te representa como quieres?"
- "¿Quieres ayuda para organizar tus publicaciones o mejorar tu privacidad?"

Esto facilita conversaciones sobre privacidad, fotos antiguas, seguidores desconocidos y cómo se ve su identidad desde fuera.

Refuerza lo positivo

Si solo señalas errores, el adolescente deja de contarte cosas. Si también celebras lo que hace bien, se abre. En lugar de fijarte solo en publicaciones impulsivas, comenta:

- cuando crea algo original,
- cuando participa en debates con respeto,
- cuando ayuda a otros online,
- cuando usa Internet para aprender, organizarse o expresarse.

Refuerzas su **autoestima digital**, que es tan importante como la real.

Además, recuerda: cada vez que validas una buena decisión digital, aumentas las probabilidades de que la repita.

4. Consejos prácticos para profesorado

Actividad 1: "Detectives del engaño"

El profesorado presenta ejemplos reales y falsos de mensajes, correos o publicaciones. El alumnado, en grupos pequeños, analiza:

- qué señales despiertan sospechas,
- qué partes parecen legítimas y por qué,
- qué preguntas deberían hacerse antes de confiar.

Después, cada grupo expone sus conclusiones. El objetivo no

es acertar siempre, sino **aprender a justificar por qué un mensaje parece fiable o no**.

Actividad 2: "Antes y después"

El alumnado recibe una serie de publicaciones impulsivas, exageradas o con riesgos (ubicación activada, datos personales, tono agresivo…). Su tarea es transformarlas en versiones más seguras, respetuosas y responsables.

Se puede hacer como mini-taller creativo: en parejas revisan ejemplos, explican qué cambiarían y **por qué**. Luego comparten las mejores versiones con la clase.

Actividad 3: "Candidato ideal"

El profesorado entrega tres perfiles ficticios (pueden ser personajes inventados, animales famosos o referencias humorísticas). Cada perfil tiene publicaciones, comentarios, fotos y decisiones digitales.

El alumnado debe evaluar:

- quién tendría mejor reputación digital,
- quién inspira más confianza,
- quién podría tener problemas en el futuro,
- qué cambios harían para mejorar cada caso.

Es una actividad perfecta para hablar de consecuencias sin moralizar.

Actividad 4: Portfolio positivo

Cada estudiante crea un mini-portfolio digital en el que muestra:

- intereses reales,
- habilidades,
- proyectos escolares,
- actividades creativas,
- logros personales.

El objetivo es que comprendan que **su huella digital también puede jugar a su favor**. No todo es evitar riesgos: también se trata de construir presencia digital de forma consciente.

Se puede presentar en formato póster, presentación, página sencilla o incluso un documento compartido. Lo importante es reflexionar sobre qué imagen transmiten.

5. Microhistorias cortas

Historia 1: La contraseña eterna

Hugo usaba "contraseña123" desde 2017. Un día dejó de funcionar. No fue magia: fue filtración. Ahora usa un gestor… y un diccionario.

Historia 2: El phishing que casi engaña al perro

La familia recibe un SMS del "banco" a las 3:17h. El perro ladra. El perro tenía razón.

Historia 3: El gamer y el desconocido simpático

Aceptó a "PabloXD92" pensando que era su primo. Spoiler: no era su primo. Era un adulto intentando pedirle datos.

6. Conclusión del capítulo

La seguridad digital no va de paranoia, va de poder. De entender que cada clic, cada foto, cada comentario y cada contraseña contribuye a algo mucho más grande: **tu identidad digital**. Esa versión de ti que vive en Internet y que, como las plantas, crece según cómo la cuides.

Porque al final, lo que hemos visto en este capítulo se resume en algo muy sencillo:

- Proteges tus cuentas → fortaleces tu identidad.
- Piensas antes de publicar → moldeas tu reputación.
- Detectas engaños → evitas dramas que dejan huella.
- Acompañas a tus hijos o alumnos → ayudas a construir su versión digital con cabeza.

Internet no es un monstruo, pero tampoco un peluche. Es como una bicicleta: maravillosa cuando sabes usarla, peligrosa si bajas una cuesta sin frenos. Y tu **huella digital** es el camino que vas dejando. Puede ser un sendero ordenado, una autopista bien iluminada... o un laberinto digno de un videojuego de terror. La diferencia está en tus decisiones.

Piensa en esto: si la identidad digital fuera un álbum de cromos, ¿cuáles querrías que salieran repetidos? ¿Cuáles preferirías que nadie tuviera? Esa imagen mental ayuda más de lo que parece.

Y, como siempre, unas reglas básicas para terminar:

La mejor herramienta de seguridad es tu cerebro... acompañado de un poco de humor y una pizca de sentido común.

- Si dudas, **no publiques**.
- Si te incomoda, **habla**.
- Si algo parece demasiado bueno para ser verdad… **es que lo es**.
- Y si tu huella digital pudiera hablar, debería decir: *"Esta persona sabe lo que hace."*

8

Construir una presencia digital positiva

Hasta este punto del libro hemos aprendido a no meter la pata online, a entender cómo funciona el rastro que dejamos y a reconocer que los algoritmos son como ese primo que "solo quiere ayudarte" pero te complica la vida sin querer.

Ahora toca la parte bonita: **no solo evitar problemas, sino construir algo bueno**.

Crear una presencia digital positiva no consiste en ser perfecto, sino en **usar Internet como una ventana que muestra lo mejor de ti sin dejar que se vea el caos que hay detrás de la cortina**, igual que todos hacemos cuando viene visita sorpresa.

6.1. Qué significa tener una buena reputación online

La reputación online es como un perfume digital: a veces muy agradable, a veces demasiado intenso, a veces inolvidable... para bien o para mal.

Es lo que otros piensan de ti a partir de:

- Tus publicaciones, que a veces dices que "no significan nada" pero en realidad cuentan mucho;
- Lo que comentas, porque un simple "jajaja" puede interpre-

tarse de diez maneras distintas según quién lo lea;
- Cómo respondes, especialmente cuando alguien te lleva la contraria y tu tono revela más de tu carácter que cualquier foto;
- Qué compartes, desde enlaces interesantes hasta memes que podrían hacer que tu profesor levante una ceja;
- Y lo que otros comparten sobre ti, porque internet tiene una maravillosa capacidad para conservar fotos y vídeos que tú jamás habrías elegido como representación oficial de tu persona.

Tener una buena reputación online NO significa:

- Parecer perfecto, como si cada día vivieras dentro de una revista digital;
- Tener miles de seguidores, porque popularidad no equivale a buena conducta;
- Fingir que tu vida es impecable, cuando todos sabemos que fuera de la pantalla tu cuarto sigue siendo un campo de batalla.

Significa:

- Ser respetuoso incluso cuando otros no lo son, demostrando que no necesitas incendiar un hilo de comentarios para defender un punto;
- Pensar antes de publicar, algo así como pulsar el botón mental de "¿seguro que quiero que esto quede para la posteridad?";
- Mostrar intereses reales, porque la autenticidad siempre resulta más atractiva que una colección de poses digitales;

- Mantener coherencia entre lo que dices y haces, una virtud cada vez más escasa en un mundo donde es fácil predicar calma mientras se discute ferozmente en un chat group.

Ejemplo

Dos perfiles:

Persona A: comenta con respeto, comparte proyectos, ayuda de vez en cuando. Es la típica persona que no necesita llamar la atención para caer bien. Su perfil es consistente: publica un proyecto del colegio, algún logro personal, quizá una foto con amigos sin filtros dramáticos. Cuando comenta, lo hace con educación, incluso cuando no está de acuerdo. Si se equivoca, pide disculpas sin montar una película. No entra en discusiones eternas, no responde a provocaciones y, sobre todo, no deja indirectas estilo telenovela. Su presencia digital transmite tranquilidad, responsabilidad y esa sensación de que, si trabajases con él o ella, no tendrías que andar revisando su historial para ver qué bomba podría explotar mañana. En resumen: Persona A es el equivalente digital de una persona que llega puntual, trae su propio boli y además comparte apuntes.

Persona B: fotos espectaculares, muchas discusiones, indirectas constantes. Su perfil parece más un tráiler de Netflix que una cuenta personal. Todo es intenso: fotos perfectas, frases profundas, reels motivacionales, selfies en los que parece que siempre está a punto de publicar un libro. Pero, entre tanta perfección visual, aparecen los detalles: discusiones en comentarios, indirectas tan obvias que podrían tener nombre y apellidos, storias crípticas que generan más drama que información, y respuestas pasivo-agresivas que hacen que los espectadores preparen palomitas. Persona B no necesariamente es mala persona; simplemente vive online como si cada día fuese la final de un reality show. ¿Resultado? Su reputación digital puede parecer brillante a primera vista, pero deja una sensación de inestabilidad que hace que profesores, empleadores e incluso sus propios amigos no sepan muy bien qué esperar. Es el tipo de perfil que te hace pensar: "Increíble fotografía... pero ¿qué habrá pasado diez minutos antes?".

¿Quién genera más confianza para un profesor o un futuro empleador? Spoiler: A. Y no solo por ser "el bueno" del ejemplo, sino porque transmite estabilidad, criterio y una especie de coherencia digital que hoy en día vale oro. Cuando un adulto responsable, ya sea un docente, un tutor, un entrevistador o un jefe de prácticas, mira perfiles online, no busca perfección ni fotos épicas con puestas de sol; busca señales de madurez, de responsabilidad y de alguien que no vaya a convertir la sala de profesores o la oficina en una segunda temporada de un reality show. Persona A, con su calma digital y su actitud razonable, representa justo eso: alguien con quien te gustaría trabajar, estudiar o colaborar... sin miedo a que una discusión absurda en redes sociales aparezca de repente como telón de fondo. Persona B, en cambio, puede fascinar visualmente, pero deja la duda de si su presencia será una fuente de motivación o un volcán en erupción. No es que esté "mal"; simplemente, inspira menos tranquilidad. Y en un mundo saturado de impulsividad digital, la tranquilidad es un superpoder.

6.2. Portfolios, creatividad y proyectos sanos

Un portfolio digital es la versión moderna del "mira lo que soy capaz de hacer", pero sin tener que obligar a tus padres a invitar a media familia a casa para enseñarte un dibujo, una manualidad o un trabajo escolar. Es la evolución natural de la cartulina y el archivador, solo que ahora cabe en un enlace y no ocupa espacio en el salón.

Puede estar en:

- Una web sencilla (de las que no asustan, incluso si estás empezando)
- Un google site (práctico, limpio y con el encantador estilo de "esto lo hice yo solito")
- Un instagram temático (ideal para quienes tienen una afición clara y ganas de enseñarla) - muy práctico para futuros artistas (o actuales)
- Un blog (perfecto para quienes tienen cosas que decir sin que nadie les interrumpa)
- O una carpeta bien organizada (que ya es más de lo que puede decir la mayoría de escritorios digitales del planeta).

¿Por qué es tan poderoso?

1. Muestra talento real, no apariencias. Un portfolio no necesita filtros, poses ni frases filosóficas de madrugada: muestra lo que SABES hacer, no lo que SIMULAS hacer.
2. Construye autoestima basada en capacidades. No en likes, ni en visualizaciones, ni en "qué mono tu perro", sino en logros concretos, aunque sean pequeños, que crecen con el tiempo.

3. Abre puertas reales: concursos, becas, oportunidades. Mucha gente cree que estas cosas "solo pasan a otros", hasta que descubren que un pequeño portfolio bien hecho puede llamar la atención de la persona adecuada.
4. Ayuda a descubrir qué se te da bien. A veces un adolescente no sabe que tiene talento para algo... hasta que sube tres proyectos parecidos y descubre que le entusiasma.

Qué incluir

Un portfolio es un buffet libre de creatividad. Cuanto más variado, mejor.

- Arte: dibujos, diseños, fotos; desde bocetos rápidos hasta obras que podrían sobrevivir a una crítica de un profesor de arte severo;
- Ciencia: experimentos, resúmenes, esquemas visuales que demuestren que entendiste el tema (o al menos lo intentaste);
- Tecnología: webs, robots, programación; incluso proyectos que no funcionaron del todo, porque aprender también suma puntos;
- Humanidades: redacciones, reflexiones, podcasts; cualquier cosa que demuestre que puedes pensar, analizar y expresarte sin emojis;
- Deporte, música, hobbies... todo cabe, siempre que muestre una parte genuina de ti.

No busques la perfección, no es el objetivo

No hace falta que todo parezca una producción de Pixar. Nadie espera que la iluminación sea perfecta, ni que el sonido tenga calidad de estudio. Un portfolio es un álbum en construcción: algunos cromos brillan más que otros, algunos parecen repetidos, y alguno quizá esté ligeramente doblado... pero juntos cuentan una historia. Y esa historia, bien contada, puede abrir más puertas que mil selfies perfectos.

6.3. Cómo crear una identidad digital auténtica

Ser auténtico online no significa contarlo todo. No es un ejercicio de confesiones públicas ni un diario abierto al mundo. Significa, más bien, que lo que compartes **no sea teatro**. Que no estés interpretando un papel para una audiencia invisible, intentando ser más interesante, más profundo, más feliz o más perfecto de lo que realmente eres. Ser auténtico consiste en mostrar una versión realista de ti mismo, una versión cuidada, sí, pero reconocible, sin caer en la tentación de convertir cada publicación en una actuación digna de ganar un premio a mejor actor digital. En otras palabras: Internet no necesita otro protagonista de serie; necesita personas que se parezcan un poco a las personas de verdad.

1. Coherencia

No necesitas un plan de marketing, pero sí un mínimo de continuidad. Tu presencia online no tiene por qué ser tan estable como un manual de instrucciones, pero conviene que no parezca que tu perfil está escrito por un equipo de guionistas rotativos. Si una semana pareces experto en filosofía, a la siguiente entrenador personal y a la siguiente crítico gastronómico... incluso el algoritmo se quedará mirando fijamente la pantalla preguntándose: "¿Qué versión toca hoy?". La coherencia no significa repetición, sino transmitir una identidad reconocible sin necesidad de cambiar de personaje como si estuvieras en un casting infinito.

Piensa en ello como en tu forma de vestir: puedes variar, experimentar y evolucionar, pero si un día vas de traje, al siguiente de astronauta y al siguiente de pirata sin que haya contexto, la gente no sabrá si saludarte, pedirte un autógrafo o llamar a algún profesional.

2. Expresa tu voz real

No hace falta sonar como un influencer que recita frases motivacionales desde un ático minimalista mientras sostiene un café que nadie se cree que esté caliente. Tampoco hace falta escribir como si todos tus mensajes fueran a imprimirse en una pared inspiradora de Pinterest. La voz real es la que usas cuando hablas con tus amigos, con tus profesores o incluso con tu familia (sí, incluso cuando usas un poco más de educación de la habitual).

Expresar tu voz real significa que, cuando alguien te lea, piense: "Sí, esta persona podría hablar exactamente así en la vida real". Es sorprendentemente liberador no tener que imitar estilos ajenos ni adoptar un tono grandilocuente para parecer más inteligente, profundo o intenso. En Internet hay demasiada gente intentando sonar como personajes de serie. Se agradece muchísimo a quienes simplemente suenan... como personas.

3. No exageres para encajar

Internet detecta la exageración con la rapidez con la que un adolescente detecta que has usado el emoji equivocado en un chat. No falla jamás.. Todo el mundo puede compartir momentos especiales, pero cuando cada desayuno parece sacado de un resort de lujo, cada reflexión parece el inicio de un libro y cada foto tiene iluminación de estudio, empieza a surgir cierta sospecha.

Si no desayunas tostadas con aguacate rodeado de velas aromáticas y libros subrayados, no hace falta simularlo. Si tu vida no es una mezcla entre mindfulness, yoga al amanecer y productividad extrema... enhorabuena: eres humano. Fingir una vida que no tienes es agotador y, lo peor, insostenible. Además, no inspira a nadie; solo contribuye a esa idea absurda de que todos deberíamos vivir en un anuncio. Y no, no hace falta. La autenticidad es mucho más atractiva que cualquier filtro.

4. Emociones: sí, pero con equilibrio

Compartir emociones es sano. Compartir absolutamente todas tus emociones, en tiempo real, en historias públicas y a las dos de la madrugada, quizá no tanto. La sobreexposición emocional convierte tu perfil en una montaña rusa abierta al público: emocionante para quien la observa, agotadora para quien la vive.

El equilibrio no significa ser frío ni distante. Solo implica que no conviertas tus redes en un altavoz permanente de altibajos. Está bien decir que estás triste; no está tan bien publicar 27 historias con indirectas misteriosas y letras de canciones tristes para ver quién te pregunta qué ha pasado. Internet no es un gabinete emocional ni un reality dramatizado; y tú no estás obligado a reaccionar delante de una audiencia.

5. Comparte procesos, no solo resultados

A todos nos gusta ver evolución porque nos recuerda que las personas crecen, aprenden y mejoran. Mostrar procesos reales, incluidos errores, borradores y cambios de rumbo, es una forma fantástica de construir una identidad digital auténtica. Enseña mucho más ver cómo alguien pasa del "no tengo ni idea de esto" al "mirad lo que conseguí" que presentar únicamente la versión final.

Además, compartir procesos tiene un beneficio inesperado: inspira a los demás. No porque parezcas perfecto, sino porque demuestras que el aprendizaje no es lineal. Cuando solo mostramos resultados, parece que todo sale bien a la primera. Cuando mostramos el camino, los demás descubren que, en realidad, nadie nace sabiendo... ni editando vídeos, ni dibujando manos, ni entendiendo álgebra en la primera explicación.

En resumen: compartir procesos humaniza, conecta y muestra autenticidad. Y, por si fuera poco, te quita presión: si la gente sabe que estás aprendiendo, dejarán de esperar que seas un profesional desde el primer intento.

6.4. Pasar de consumidor a creador: un camino inteligente

Consumir contenido es fácil. Crearlo es poderoso... y, además, ligeramente adictivo (en el buen sentido). Cuando pasas de ser espectador a convertirte en alguien que construye cosas, descubres una parte de ti que suele estar dormida bajo una manta de vídeos, memes y notificaciones.

Razón 1: la creatividad ordena la mente

Crear no es solo "tener una idea brillante y ya está". Crear obliga a pensar con un poco más de calma que la que usamos al elegir entre dos vídeos recomendados. Cuando construyes algo, un texto, un dibujo, un vídeo, un proyecto escolar, tienes que organizar pensamientos, decidir qué va primero, qué va después, qué sobra y qué merece un lugar destacado. Es como poner orden en un cajón desastroso: no es glamuroso, pero te deja la mente más limpia que cualquier filtro de productividad. Además, la creatividad ayuda a que el cerebro deje de estar en modo "piloto automático digital" y empiece a funcionar como un laboratorio: pruebas, fallas, corriges, pruebas otra vez... y descubres que pensar con intención es sorprendentemente agradable.

Razón 2: te obliga a reflexionar

El consumidor pasa de vídeo en vídeo como quien pasea por la nevera sin saber qué quiere. El creador, en cambio, se hace preguntas profundas como:

- "¿Por qué quiero hacer esto?"
- "¿Qué quiero comunicar?"
- "¿Tiene sentido... o me he dejado llevar por el entusiasmo de las 23:48?"

Esa reflexión convierte la creación en una especie de espejo: te muestra cosas que ni tú sabías que estabas pensando. No hace falta ponerse filosófico; basta con reconocer que al crear te escuchas un poquito más.

Razón 3: aprendes habilidades prácticas

Crear contenido digital es el gimnasio secreto de las habilidades del siglo XXI. Mientras intentas que un vídeo no quede torcido o que un párrafo suene menos caótico, sin darte cuenta estás aprendiendo a:

- editar
- diseñar
- escribir mejor
- comunicarte
- resolver problemas
- y, en ocasiones, mantener la calma cuando tu archivo desaparece misteriosamente

Estas habilidades sirven para mucho más que Internet: te hacen más competente en el colegio, en proyectos personales y, algún día, en trabajos reales donde no te pedirán que hagas un TikTok, pero sí que expliques cosas con claridad.

Razón 4: protege de la impulsividad

Cuando eres consumidor puro, reaccionas rápido: ves, sientes, comentas, publicas... y luego piensas: "Quizá no era el mejor momento para decir eso".

Pero cuando tienes un proyecto creativo en marcha, tu relación con Internet cambia. Tus publicaciones dejan de ser impulsos y se convierten en decisiones. Si estás construyendo algo que te importa, cuidas más lo que subes, cómo lo dices y el impacto que puede tener. Es como si tu propio trabajo actuara como un freno suave pero eficaz contra los arrebatos digitales.

Metáfora

Ver MasterChef es divertido, inspirador y perfecto para comentar desde el sofá. Pero intentar hacer el soufflé tú mismo... bueno, ahí aprendes qué es realmente la técnica, la paciencia y el misterio de la gravedad. En el mundo digital pasa igual: observar es agradable, pero crear es lo que te transforma. Y sí, a veces se te hundirá el soufflé, pero otras veces saldrá algo tan bueno que querrás enseñárselo al mundo.

Guía para familias

1. Ayuda a tus hijos a encontrar "lo suyo"

Todos tienen un talento... aunque a veces esté escondido como los tupper desaparecidos del colegio. Y no, no hace falta que ese talento los convierta en profesionales del streaming ni que acumulen seguidores como si estuvieran coleccionando cromos.

"Lo suyo" puede ser dibujar, escribir, tocar un instrumento, cocinar, hacer fotos, programar, construir cosas, resolver problemas o incluso explicar historias. Tu misión como adulto no es empujarles hacia una habilidad, sino acompañarles mientras descubren lo que les hace brillar, aunque ese brillo tarde un poco en encenderse o parpadee como una bombilla antigua.

Cuando encuentran algo que les apasiona, Internet deja de ser solo consumo y se convierte en creación. Y ahí empieza la magia.

2. Celebra la creación, no la perfección

Lo importante es intentarlo, porque el camino del aprendizaje está lleno de borradores, versiones mejorables y cosas que no salen a la primera (ni a la décima). Si celebras únicamente los resultados perfectos, tu hijo aprenderá a esconder los fallos como si fueran secretos clasificados. En cambio, si celebras el esfuerzo, las ganas y la curiosidad, Internet se convierte en un espacio para crecer y no en un escaparate donde todo tiene que brillar.

La creación imperfecta construye creatividad. La perfección absoluta construye ansiedad. Elegimos la primera.

3. Hablad de reputación como quien habla del futuro

La reputación online es como plantar un árbol: lo que hagas hoy dará sombra mañana… o no. No hace falta alarmarles como si cada publicación fuese un examen final, pero sí recordarles que cada foto, comentario o proyecto forma parte de su historia digital. Una historia que otros verán antes de conocerles en persona.

Una conversación tranquila funciona mejor que un sermón dramático. "Lo que subes construye tu historia. Vamos a asegurarnos de que cuenta algo que te guste" suele abrir puertas, no levantarlas.

4. Ayúdales a ordenar su portfolio

El caos digital puede organizarse, aunque a veces parezca una expedición arqueológica entre carpetas con nombres como "COSAS2", "defdef", "versión final FINAL AHORA SÍ" o "NO BORRAR IMPORTANTE". Ordenar un portfolio no significa convertirlo en una exposición profesional, sino ayudarles a distinguir lo que merece mostrarse, lo que puede guardarse como recuerdo y lo que quizá debería quedarse en el cajón del olvido.

Un portfolio ordenado no solo se ve mejor: también les ayuda a descubrir su propio progreso sin necesidad de invocar a la memoria.

5. Recuerda lo esencial

La identidad digital forma parte de su bienestar. No es solo tecnología: es autoestima, seguridad, expresión personal, relaciones y oportunidades futuras. Acompañarles en este proceso no requiere saber más de Internet que ellos (spoiler: probablemente no sea posible), sino mostrarles que tienen un adulto que escucha, que no se ríe de sus dudas y que entiende que crecer online es parte de crecer, punto.

Guía para docentes

1. Promueve la creación en clase

No hace falta convertir cada sesión en un taller audiovisual digno de un festival de cine escolar, pero sí es fundamental abrir pequeñas ventanas para que el alumnado **cree**. Ese pequeño espacio puede tomar muchas formas: un vídeo explicativo que no pretende ganar un Óscar pero sí demostrar que han entendido el contenido; un blog sencillo en el que puedan escribir sin que nadie les interrumpa; un póster digital que resuma una idea compleja con más claridad que diez minutos de explicación; un portfolio donde recojan sus avances; o incluso un mini-proyecto que, aunque sea humilde, puedan mostrar con orgullo en clase.

La clave es que descubran que *crear* deja una huella más valiosa que simplemente consumir contenido. Ver un vídeo es cómodo; hacer uno obliga a pensar, ordenar ideas y asumir cierto nivel de responsabilidad digital. De hecho, cuando un estudiante construye algo propio, suele prestar mucha más atención y mostrar una actitud más cuidadosa online. Nadie quiere que su trabajo acabe etiquetado como "desastre del trimestre" o que un compañero diga aquello de: "¿Esto era un póster o un experimento abstracto?".

Ejemplos prácticos en clase

1. Vídeo explicativo de 30 segundos Tema: el ciclo del agua, una operación matemática, una regla ortográfica. Objetivo: que expliquen *algo* en voz alta, con sus propias palabras. Al grabarse, se dan cuenta de que deben entenderlo para poder decirlo sin trabarse... y eso, mágicamente, fomenta el aprendizaje.

2. **Póster digital sobre un concepto complicado** A veces, resumir una idea en una sola imagen exige más comprensión que escribir dos páginas. Además, la elección de colores, iconos y estructura les fuerza a pensar en claridad y comunicación. Y sí, suele haber quien añade demasiados colores... pero también eso se aprende.

3. **Blog corto de una sola entrada** Una reflexión de cinco líneas: qué han aprendido, qué les ha sorprendido, qué conectarían con su vida real. El objetivo no es escribir como novelistas, sino *pensar* sobre lo aprendido.

4. **Portfolio trimestral** Al finalizar cada trimestre, pueden seleccionar sus mejores trabajos, explicar por qué los eligieron y qué mejorarían. No hace falta que esté perfecto: basta con que sea honesto y muestre progreso. Es como mirar una línea temporal de su propio aprendizaje.

5. **Mini-proyecto colaborativo** Por ejemplo, crear en parejas un tutorial para otro grupo de clase. No solo aprenden el contenido: aprenden a negociar, repartir tareas y revisar lo que hacen antes de publicarlo. En resumen: desarrollan habilidades que usarán toda la vida, incluso en conversaciones de grupo donde nadie quiere ser el que envía el mensaje equivocado.

En definitiva, cuando creamos espacios para que ellos creen, transformamos la clase en algo más que un lugar para recibir información: se convierte en un laboratorio donde cada estudiante puede descubrir que tiene algo que aportar al mundo digital.

2. Habla de reputación sin sermones

Un sermón sobre reputación digital dura en la mente adolescente menos que un story de 24 horas. Pero un buen caso real, bien explicado, contextualizado y sin dramatismos, puede quedarse grabado durante años. Comparte situaciones que hayan ocurrido en redes (anonimizadas, por supuesto) y plantead juntos: qué pasó, por qué pasó y qué se podría haber hecho diferente. Lo importante es que comprendan el impacto real sin necesidad de advertencias apocalípticas del tipo "esto arruinará tu vida para siempre".

Ejemplos prácticos para hacer en clase:

1. El caso del comentario malinterpretado

Entrega al alumnado una captura ficticia (inventada) de un comentario que alguien hizo con buena intención, pero que otros interpretaron mal. Pídeles que identifiquen: qué quiso decir la persona, qué entendieron los demás y qué alternativas habría sido más prudentes. Conclusión: las palabras viajan sin instrucciones.

2. El reto viral que salió regular

Presenta un ejemplo inventado de un estudiante que quiso imitar un reto viral y terminó avergonzado cuando el vídeo se difundió más de lo esperado. Pide al alumnado que analice qué parte del proceso fue impulsiva, qué riesgos no se tuvieron en cuenta y qué decisiones habrían cambiado el resultado. Objetivo: entender que no todo lo que es tendencia merece nuestra participación.

3. El perfil aparentemente perfecto

Muestra un perfil ficticio que parece impecable pero que incluye ciertas señales de alarma: indirectas, discusiones o publicaciones contradictorias. Deja que el alumnado identifique qué detalles podrían afectar a la reputación digital de esa persona. Lección: la coherencia importa.

4. La cadena de la captura de pantalla

Simula un chat privado (falso) en el que alguien hace un comentario impulsivo que otro compañero captura y reenvía. Pide que analicen qué se rompió: la confianza, la privacidad o ambas. Reflexión final: lo que se escribe puede viajar más lejos de lo que uno imagina.

5. El efecto del "me gusta" sin pensar

Presenta publicaciones polémicas y pide al alumnado que reflexione sobre lo que implica dar un "me gusta" o interactuar con ellas. ¿Qué mensaje transmite desde fuera? ¿Qué lectura podría hacer un profesor, un familiar o un futuro empleador?

Estos ejercicios permiten que comprendan la reputación digital no como un concepto abstracto, sino como una suma de decisiones pequeñas que pueden tener consecuencias grandes.

3. Integra ejercicios de identidad digital

Actividades simples pero profundas que pueden dar mucho juego en clase. Por ejemplo, analizar perfiles ficticios para identificar qué mensaje transmiten realmente, compararlo con lo que la persona *probablemente* quería transmitir y debatir por qué el resultado no siempre coincide. También es útil reflexionar sobre cómo cada pequeño gesto digital, un comentario que parece inocente, un emoji que se interpreta de otra manera, una foto que no decía lo que tú pensabas, va construyendo una identidad que otros interpretan de forma diferente a como imaginamos.

Para añadir una capa más práctica (y divertida), puedes pedir a los estudiantes que examinen mini-perfiles inventados y decidan qué impresión les dejan: ¿responsable? ¿despistado? ¿dramático? ¿demasiado fan de los selfies? Después, comparad las conclusiones entre grupos para ver cómo cada persona interpreta pistas distintas. A menudo se sorprenden al descubrir que una foto que eligieron sin pensar transmite un mensaje totalmente diferente a ojos ajenos.

Estos ejercicios, tan sencillos en apariencia, ayudan al alumnado a comprender que cada publicación, ya sea seria, graciosa o accidental, es una pieza del puzle que conforma la percepción que otros tienen de ellos. Y cuanto antes entiendan este mecanismo, antes podrán gestionar su identidad digital de forma consciente, responsable... y con menos sustos inesperados.

4. Enseña a crear un portfolio

Un portfolio no tiene que ser perfecto ni parecer un escaparate profesional. Lo esencial es que sea *suyo*: que recoja procesos, aprendizajes, mejoras, tropiezos y logros. Enséñales a seleccionar contenido, ordenar ideas y presentar su trabajo con claridad. A menudo, descubrir que un portfolio puede ser imperfecto pero valioso es un alivio para estudiantes que creen que todo debe tener calidad de estudio de grabación.

Y aquí es donde el profesorado puede hacer auténtica magia sin necesidad de saber edición profesional ni tener un canal de YouTube.

Por ejemplo, puedes dedicar los últimos diez minutos de clase a lo que se puede llamar "momento-curador": cada estudiante elige un trabajo del mes, explica por qué cree que merece estar en su portfolio y qué representa de su aprendizaje. No necesitas dispositivos de última generación; basta con una libreta, un móvil o incluso describirlo verbalmente para que luego lo documenten en casa.

Otra idea práctica es el llamado "antes y después": que seleccionen algo que no les salió del todo bien al principio (un dibujo, un problema matemático, un texto) y lo repitan semanas después. Luego, ambos se incluyen en el portfolio. Es una forma excelente de que vean progreso real —y de comprobar que la práctica, efectivamente, hace milagros.

Si quieres añadir humor al proceso (altamente recomendable para la salud mental del grupo y la tuya como educador/a), puedes instaurar el "tropezón del mes": un apartado especial del portfolio dedicado a mostrar algo que no salió como esperaban. Puede ser un experimento fallido, una diapositiva caótica o un vídeo donde alguien entra en plano sin querer. Convertir los fallos en aprendizaje disminuye la ansiedad y normaliza el proceso creativo.

Y si no tienes experiencia con portfolios, no pasa nada. De hecho, esa puede ser tu ventaja: puedes construirlo junto a ellos. Que decidan categorías, colores, estructura... verás cómo se involucran muchísimo más cuando son parte del diseño. En clase funciona de maravilla el rol de "editor asistente": un estudiante por día revisa el portfolio de un compañero, no para juzgar, sino para sugerir mejoras amables del tipo: "¿Y si cambias este título?" o "Aquí podrías añadir cómo lo hiciste".

En resumen: ayudarles a crear un portfolio no requiere saber más tecnología que ellos, solo acompañarles, escucharles y recordarles que esto no es un museo donde todo debe estar impecable, sino un cuaderno vivo de crecimiento real.

5. Recuérdales que pueden mejorar

La identidad digital no es fija, ni está escrita en piedra ni guardada en algún archivo universal inmutable. Es editable, como un borrador vivo. Recordarles que pueden cambiar, mejorar, corregir errores y construir una presencia más sana es fundamental. La idea de que "lo que subo me define para siempre" genera ansiedad; la idea de que "puedo evolucionar y construir algo mejor" genera responsabilidad sin miedo.

Y aquí es justo donde conviene insistir: explicar a los estudiantes que **Internet no es un tatuaje** (al menos, no siempre). La mayoría de sus decisiones digitales pueden revisarse, corregirse o mejorarse con el tiempo. A veces creen que un error online es equivalente a una sentencia permanente, cuando en realidad la identidad digital funciona más como un documento vivo, en constante edición. Esto no significa restar importancia a lo que publican, sino mostrarles que tienen margen de maniobra.

Un ejemplo muy claro: muchos adolescentes miran publicaciones antiguas y sienten vergüenza cósmica. Es normal. Es parte del crecimiento. Pero ese mismo proceso es una oportunidad valiosa para hablar de cambio: "Eso lo hiciste cuando tenías 12. Ahora tienes 15. Mira cuánto has mejorado". Convertir el pasado digital en un *registro de evolución* en lugar de una colección de meteduras de pata reduce el miedo y aumenta la responsabilidad real.

Otra idea útil para clase es el ejercicio llamado "versión 2.0": elegir una publicación antigua (ficticia o real, según la comodidad del alumnado) y analizar cómo la harían hoy. ¿Qué cambiarían? ¿Qué tono usarían? ¿Qué aprendieron desde entonces? El objetivo no es juzgar el pasado, sino demostrar que **la mejora es posible y, de hecho, natural**.

También es importante remarcar que construir una identidad digital más sana no implica borrar todo lo anterior y empezar de cero, aunque algunos adolescentes fantaseen con ello cada lunes, sino ajustar, añadir y evolucionar. Igual que uno reorganiza su habitación después de examinar su vida durante cinco minutos desde la cama, la identidad digital puede reordenarse sin drama.

En el fondo, ayudarles a entender esto es plantar una semilla de esperanza: no están atrapados en sus primeras decisiones online. Pueden crecer, pueden mejorar, y pueden diseñar una versión digital de sí mismos que les represente mejor con el tiempo. Y sí, quizá dentro de unos años volverán a mirar atrás... y volverán a sentir vergüenza cósmica. Pero esa es la prueba definitiva de que siguen avanzando.

CONCLUSIÓN

Construir una presencia digital positiva no es un proyecto de un día ni una misión para héroes tecnológicos. Es, más bien, un proceso continuo, lleno de pequeños gestos, decisiones aparentemente insignificantes y momentos en los que uno piensa: "¿De verdad quiero que esto quede registrado para siempre?". Y esa pregunta, tan simple, es uno de los mayores avances que podemos enseñar a nuestros adolescentes.

Este capítulo ha querido demostrar que no se trata de convertir a nadie en influencer, ni en experto en redes, ni en creador audiovisual profesional. Tampoco consiste en renunciar al humor, a la espontaneidad o a la diversión online. Al contrario: una buena presencia digital es aquella que combina naturalidad con criterio, creatividad con responsabilidad y autenticidad con un poquito de sentido común (que, admitámoslo, a veces entra y sale como quiere).

El desarrollo de una presencia digital sana se apoya en la

idea de que los adolescentes prosperan mejor cuando cuentan con referentes que acompañan, orientan y ofrecen calma, en lugar de vigilancia constante. El apoyo adulto funciona como un marco que ayuda a interpretar lo que ocurre online, entender los riesgos sin dramatismos y reforzar las decisiones responsables. No se trata de supervisar cada paso, sino de proporcionar un entorno donde la identidad digital pueda explorarse, construirse y cuidarse sin miedo ni presión. En este contexto, la figura adulta actúa como guía y punto de referencia, recordando que la identidad digital forma parte natural de la vida de los jóvenes y que no es un elemento externo que se pueda activar o desactivar a voluntad, sino un espacio que se moldea con acompañamiento, reflexión y práctica.

Crear portfolios, compartir procesos, pensar antes de publicar y aprender de los errores digitales no son tareas menores: son entrenamientos para la vida real. Son herramientas que les enseñan a expresarse, a reflexionar y a dejar un rastro del que puedan sentirse orgullosos. Y, sobre todo, les recuerdan que ellos tienen control sobre su historia online, incluso cuando el mundo digital parece inmenso.

Porque, al final, la presencia digital positiva no va de lucirse: va de **construirse**.

De elegir qué quieren mostrar. De aprender a comunicar lo que sienten y lo que saben. De descubrir talentos que quizá no imaginaban. De dejar un pequeño impacto, una señal de que pasaron por aquí y lo hicieron con intención.

Y sí, habrá errores. Meteduras de pata. Filtros horribles. Comentarios impulsivos. Stories que ojalá nadie hubiera visto. Pero todo eso forma parte del crecimiento, igual que lo hacía cuando las equivocaciones ocurrían fuera de la pantalla. La diferencia es que ahora tienen más herramientas, más guías y más oportunidades para aprender.

Así que familias, docentes y estudiantes podéis respirar tranquilos: no se trata de hacerlo perfecto, sino de hacerlo consciente. De avanzar, revisar, ajustar y seguir adelante.

Porque una presencia digital positiva no se hereda ni se improvisa: **se construye**. Y si este capítulo ha cumplido su función, ahora todos sabemos un poco mejor cómo empezar ese camino.

9

Conversaciones que importan: cómo hablar de todo esto sin dramas

Introducción

Hablar de identidad digital, reputación online, privacidad, riesgos, creación positiva y todos esos conceptos modernos puede parecer, a primera vista, como intentar explicar a alguien por qué tu móvil decide actualizarse justo en el peor momento. Es decir: frustrante, lento y con un ligero riesgo de acabar diciendo "da igual, ya lo miramos otro día".

A estas alturas del libro, muchos de los temas que trataremos aquí **ya han aparecido antes**. Y no es porque estemos repitiendo contenido como si esto fuera un examen de recuperación, sino porque **algunas conversaciones son tan importantes que necesitan ser miradas desde varios ángulos**. Igual que cuando un adolescente dice "estoy bien" y sabes que, en realidad, hay un capítulo entero detrás.

Este capítulo existe porque entender el mundo digital es una cosa... **pero hablar de él sin dramas es otra muy distinta**. Y hace falta. Mucho. Porque puedes tener toda la teoría del libro: saber lo que es la huella digital, reconocer los riesgos, dominar la reputación online... pero si no sabes cómo hablarlo en casa o en clase, todo se queda en un bonito PowerPoint mental.

Aquí veremos:

- Cómo tener **diálogos familiares sin que parezca que va a caer un sermón de tres horas**;
- Cómo **escuchar sin invadir**, ese arte místico que combina paciencia, tacto y evitar preguntas tipo interrogatorio policial;
- Qué hacer **cuando aparece un problema digital**, porque aparecerá en algún momento, y no pasa nada;
- Y también qué **no** hacer, porque hay errores típicos que complican absolutamente todo (y queremos evitarlos).

Y sí, todo esto lo haremos con humor. No del tipo "chiste cada dos líneas", pero sí lo suficiente como para recordarte que hablar de estos temas no tiene por qué ser un drama digno de telenovela.

Respira. Son conversaciones importantes, sí... pero también pueden ser conversaciones bonitas.

Spoiler: Es fácil decirlo pero hacerlo no siempre lo es, pero igualmente, hay que intentarlo (esto va dirigido a padres, madres y educadores/as) - adolescentes, "please" ¿nos lo podéis poner un poquito fácil, por favor?

7.1. Diálogos familiares sin sermones

Hablar con adolescentes sobre su vida digital puede sentirse como intentar cambiar una bombilla en un techo muy alto: sabes que es necesario, sabes que no quieres romper nada, y sabes que en cualquier momento puedes perder el equilibrio. Pero no te preocupes: aquí vamos a humanizar estas conversaciones.

Lo primero es entender que **un diálogo no es un sermón**.

Si empiezas con "tenemos que hablar", lo más probable es que tu hijo active mentalmente el modo avión. En cambio, un "oye, he visto algo curioso sobre redes sociales y quería tu opinión" abre puertas en lugar de cerrarlas.

Trucos para conversaciones que no dan pereza

1. **Haz preguntas abiertas** En lugar de: "¿Por qué has subido eso?" (tono CSI Las Vegas), prueba con: "¿Qué te gustó de esa publicación?". Cambia la energía por completo.
2. **Comparte antes de pedir** Si cuentas alguna anécdota digital propia (un susto, un error, un aprendizaje), el ambiente se suaviza. De pronto, ya no hablas "como padre / madre", sino "como humano que también mete la pata".
3. **Usa el humor como puerta de entrada** "Vi un vídeo que me hizo pensar en ti... tranquilo, no era un baile vergonzoso". Suelen agradecer el gesto.
4. **Habla en momentos neutros** Mientras cocináis, paseáis o vais en coche. Evita los "cara a cara" intensos; parecen entrevistas de trabajo.
5. **No dispares conclusiones demasiado rápido** Si cuentas con poca información, no rellenes los huecos imaginando la temporada completa de un drama adolescente. Deja que cuenten su versión.

7.2. Cómo escuchar sin invadir

Escuchar a un adolescente sin parecer un satélite espía es una habilidad digna de reconocimiento internacional. Pero se puede. De hecho, no solo se puede: se puede hacer bien, con calma, con tacto y con una pequeña dosis de humor que evita que la conversación parezca una rueda de prensa posterior a una catástrofe natural. Escuchar sin invadir es un arte sutil, una mezcla entre paciencia estratégica y saber desaparecer en el momento adecuado.

¿Qué significa "escuchar" realmente?

No es asentir con la cabeza mientras tu cerebro hace la lista de la compra o revisa mentalmente si apagaste el horno. Escuchar es estar presente, de verdad. Es demostrar que **su experiencia importa**, que **no estás ahí para juzgar**, y que tu misión en ese momento no es solucionar el mundo, sino entenderlo desde sus ojos.

Escuchar también implica resistir la tentación de traducir cada frase a "¿qué habrás hecho ahora?" o de anticiparte como si ya conocieras el final del episodio. A veces, escuchar solo es eso: dejar que la historia salga, incluso si empieza en modo caos total o si tarda tres intentos en ordenarse.

Un adolescente nota enseguida si estás escuchando o si estás en modo piloto automático. Y también nota si estás esperando el momento para soltar una moraleja digna de libro de autoayuda. Por eso escuchar sin invadir requiere tres cosas fundamentales: **tiempo**, **interés real** y **contención**.

Reglas prácticas

1. **No interrumpas para corregir cada detalle** Incluso si sabes que están exagerando, dramatizando o reinterpretando la historia al gusto. Primero escuchas; luego ayudas. La precisión puede esperar, la confianza no. Y, por cierto, **esto no siempre es fácil**. Hay que reconocerlo: a muchos adultos (me incluyo) nos cuesta horrores no saltar con un "espera, eso no fue así exactamente". Pero contenerse es parte del arte. Escuchar de verdad implica aceptar que la historia vendrá un poco desordenada... y que está bien así.
2. **Valida sin aprobar** "Entiendo que te enfadara" no significa "hiciste bien en insultar al compañero". Significa: "lo que sientes tiene sentido, y ahora vamos a ver cómo gestionarlo sin incendiar medio curso escolar". Validar es reconocer la emoción, no justificar la acción. Y esta parte, aunque parezca sencilla en teoría, puede ser un auténtico ejercicio de contorsionismo emocional. Porque validar no es asentir con todo, ni comulgar con las decisiones discutibles, ni aplicar un filtro zen a lo que claramente ha sido una mala idea. Validar es, simplemente, reconocer que las emociones son legítimas, incluso cuando las acciones derivadas de ellas necesitan un repaso urgente.

Un ejemplo típico: "Entiendo que te enfadara que te respondieran así en el chat; cualquiera se habría molestado". Eso te permite entrar después en el terreno del "pero insultar a medio grupo no era la mejor opción, ¿no crees?". Validas la emoción, encauzas la conducta y sigues manteniendo la conversación abierta. Esto, por cierto, requiere práctica. Mucha. No se nace sabiendo hacerlo; se aprende a base de intentos, respiraciones profundas y algún que otro "espera, déjame empezar de nuevo".

1. **Pregunta antes de aconsejar** "¿Quieres que te dé ideas o solo que te escuche?". Esta frase es oro puro, diamante ético y platino emocional. Ahorras monólogos no deseados, evitas respuestas defensivas y, sobre todo, no conviertes cada conversación en un tutorial de vida no solicitado. A veces quieren consejo; otras veces solo quieren soltar lo que llevan dentro sin que nadie intente optimizarles la existencia.

Este paso parece simple, pero tiene una trampa: a los adultos nos encanta aconsejar. Nos sale solo, como estornudar en primavera. Pero no todo el mundo quiere escuchar soluciones en mitad de un enfado o de una frustración. Preguntar primero evita que toda la conversación se vaya por un barranco.

Y ojo, porque a veces la respuesta será un rotundo "no, no quiero ideas, solo quiero hablar". Y entonces toca aceptarlo. Sin dramatismos. Sin sentirse inútil. Sin intentar forzar el consejo por la puerta de atrás. A veces tendrás que respirar, asentir y pensar internamente: "vale, hoy me toca escuchar y ya veremos mañana". Y sí, puede ser frustrante. Puede que sientas que estás desaprovechando un consejo maravilloso que llevas diez minutos preparándote mentalmente... pero guardar ese consejo para otro momento es, paradójicamente, lo mejor que puedes hacer para que te sigan contando cosas. Cuando fuerzas una solución, cierras una puerta; cuando respetas la necesidad del otro, la puerta se queda abierta para la próxima conversación.

1. **Evita el espionaje disfrazado de interés** Preguntar "¿y quién estaba conectado?" con demasiada insistencia suele levantar más sospechas que respuestas. Interés sí; interrogatorio militar, no. El equilibrio está en mostrar curiosidad sin necesidad de convertirte en un operador de inteligencia internacional. Es una línea fina, casi tan fina como la paciencia de un adolescente cuando le preguntas por tercera vez cómo ha ido el día. Si pareces demasiado ansioso por saber detalles, la otra persona se cerrará más que la privacidad de un iPhone recién configurado, y con la misma eficacia.

Además, los adolescentes detectan la vigilancia disfrazada mejor que los perros detectan un trozo de jamón cayéndose de la encimera. No importa lo sutil que creas que estás siendo: para ellos es como si llevaras un cartel luminoso que dijera "quiero saber más de lo que me estás contando". Y una vez que sienten que la conversación tiene un radar escondido detrás, se acabó la confianza. Ese radar, por cierto, no lo llevan incorporado ellos… lo llevas tú sin darte cuenta.

También conviene recordar que, para los adolescentes, que un adulto haga preguntas demasiado detalladas sobre su vida digital puede sentirse como si alguien entrara a su habitación y empezara a abrir cajones "solo para comprobar que todo está bien". No funciona. No relaja. Y definitivamente no anima a compartir nada.

Si de verdad quieres que te cuenten cosas, es mejor mostrar un interés tranquilo, sostenible, que no parezca una entrevista para entrar en la CIA. Curiosidad sí, insistencia no. Deja que el ritmo lo marquen ellos. Si sienten que controlan la conversación, hablarán más.

1. **Respeta silencios** A veces tardan en explicarse. A veces no saben cómo empezar. A veces están eligiendo mentalmente cómo contar la parte embarazosa sin morir de vergüenza. Los silencios no son un fallo; son parte del proceso.

De hecho, los silencios suelen ser el momento en el que están procesando qué quieren decir realmente. Si lo llenas todo con tu propia voz, no les dejas espacio para ordenar ideas. Piensa en ello como dejar que el ordenador "cargue": si interrumpes demasiado pronto, la aplicación se bloquea. Deja respirar. Deja espacio.

Y sí, a veces el silencio se hace largo. Muy largo. El tipo de silencio en el que empiezas a plantearte si deberías decir algo, o si deberías fingir que estás leyendo el embalaje de las galletas para no parecer demasiado pendiente. Pero es justo ahí cuando sucede la magia: cuando están listos, hablan. Y hablan mejor si sienten que nadie ha intentado rellenar sus pausas con frases nerviosas.

Aceptar el silencio también es aceptar que no siempre tienen las palabras listas. A veces la emoción va más rápido que el lenguaje. A veces necesitan reconstruir la historia en su cabeza antes de compartirla. Y a veces, simplemente, necesitan comprobar que tú puedes soportar ese silencio sin agobiarte. Porque si tú puedes, ellos también pueden.

7.3. Qué hacer cuando aparece un problema

Respira. De verdad. Antes de decir nada, antes de pensar en consecuencias, antes de imaginar escenarios catastróficos dignos de una serie de suspense, respira. Todos los jóvenes tienen algún tropiezo digital. Y todos los adultos también, aunque algunos ya los tengamos archivados en la carpeta mental de "mejor no recordar". La diferencia no está en que aparezca el problema, sino en **cómo reaccionamos cuando aparece**.

Un problema digital no es el fin del mundo. Es una señal. Una señal de que algo ha pasado, de que alguien necesita ayuda y de que hay una oportunidad clara de aprendizaje. Y sí, a veces cuesta verlo así, sobre todo cuando el corazón se acelera y el instinto de protección se activa como una alarma demasiado sensible.

Paso 1: calma absoluta

La energía que tú pongas será la que ellos absorban. Es casi magia, pero funciona así. Si entras en pánico, ellos también. Si entras con serenidad, la conversación tendrá espacio para existir.

Esto no significa que no te importe lo que ha pasado. Significa que eliges no reaccionar en caliente. Puedes sentir enfado, preocupación o miedo, pero no necesitas convertir esas emociones en el motor de la conversación. Un adulto calmado transmite un mensaje muy poderoso: "esto es serio, pero se puede hablar".

Paso 2: recoge los hechos

Sin adornos, sin suposiciones, sin crear ficciones de Hollywood con banda sonora incluida.

"Cuéntame exactamente qué pasó, sin prisas."

Esta frase, sencilla y directa, abre más puertas que mil preguntas seguidas. Recoger los hechos implica escuchar la versión completa antes de sacar conclusiones. No lo que crees que ha pasado, no lo que imaginas que podría pasar, sino lo que realmente ocurrió. Y sí, a veces la historia vendrá desordenada. Forma parte del proceso.

Paso 3: evita el "te lo dije"

Este es quizá el instinto más natural del ser humano... y también el menos útil. El famoso "te lo dije" no soluciona nada, no enseña nada y no mejora la situación. Solo consigue cerrar puertas y generar vergüenza o enfado.

Puede que tengas razón. Puede que ya lo vieras venir. Pero decirlo en ese momento no ayuda. El objetivo no es ganar una discusión imaginaria, sino acompañar a alguien que está lidiando con un problema real.

Paso 4: busca la solución con ellos, no para ellos

Aquí es donde se produce el verdadero aprendizaje. En lugar de imponer una solución desde arriba, conviene sentarse y pensar juntos.

- ¿Hay que borrar algo? No solo pensando en eliminar por eliminar, sino valorando si ese contenido sigue aportando algo o si, por el contrario, está generando más problemas que soluciones. A veces borrar es una buena idea; otras, aprender a gestionarlo mejor lo es aún más.

- ¿Conviene avisar a un adulto, tutor o profesor? Esta pregunta suele generar resistencia, pero es clave normalizar que pedir ayuda no es chivarse ni exagerar, sino buscar apoyo cuando la situación supera lo que uno puede manejar solo.
- ¿Es mejor bloquear a alguien o denunciar una conducta? Bloquear puede dar tranquilidad inmediata; denunciar puede ayudar a que el problema no se repita con otras personas. Analizar ambas opciones enseña a tomar decisiones conscientes, no impulsivas.
- ¿Hay alguna configuración que se pueda cambiar para evitar que vuelva a pasar? Revisar privacidad, comentarios, etiquetados o visibilidad no es castigo, es aprendizaje. Ajustar estas opciones convierte el error en una mejora real y duradera.

Guíales, pero deja que tomen parte activa en la reparación. Cuando participan en la solución, ganan control, responsabilidad y confianza. No se trata de que "papá o mamá lo arreglen todo", sino de aprender a afrontar los problemas con apoyo.

Paso 5: transforma el problema en aprendizaje

Sin dramatizar, sin ridiculizar, sin minimizar. Solo conectando la situación con algo que puedan mejorar en el futuro.

"Vale, ha sido un lío… pero ¿qué harías diferente la próxima vez?"

Esta pregunta cambia completamente el enfoque. No mira

al pasado con reproche, sino al futuro con intención. Ayuda a cerrar el episodio sin que quede como una herida abierta.

Paso 6: cierra la conversación con un mensaje de apoyo

Este paso es clave y, a veces, el más olvidado. Después de hablar, analizar y pensar soluciones, conviene dejar claro algo fundamental:

"Estoy contigo."

"No estás solo."

"Esto no te define."

El mensaje final debe ser de apoyo, no de amenaza ni de advertencia encubierta. Importante: "Aquí estoy contigo. No lo arreglas solo." Porque saber que no se enfrentan solos a un problema digital marca la diferencia entre ocultar futuros errores… o atreverse a contarlos.

7.4. Qué hacer cuando aparece un problema (para ti, adolescentes o no tan adolescente)

Vale. Ha pasado algo online y no ha sido agradable. Quizá alguien dijo algo que dolió, quizá compartiste algo que no salió como esperabas, quizá te sentiste atacado, confundido o simplemente superado. Antes de nada: **respira**. No eres la primera persona a la que le pasa ni serás la última. Y, sobre todo, esto no te define.

Lo primero que conviene hacer es **parar**. No responder en caliente, no escribir el mensaje que te pide el cuerpo, no subir ese story con indirectas que solo empeorará las cosas. El enfado tiene muy mala puntería cuando se trata de tomar decisiones digitales.

Paso 1: no te enfrentes a esto solo

Puede que tu primer impulso sea pensar: "me las apaño yo", "no es para tanto" o "como lo cuente, se va a liar". Es normal. De hecho, es casi automático. A nadie le apetece explicar un lío digital, sentirse observado o pensar que va a decepcionar a alguien. Pero intentar llevarlo todo en solitario suele hacer que el problema pese más y dure más tiempo.

Hablar con alguien de confianza, un adulto, un profesor, un familiar, no es chivarse ni exagerar, aunque a veces lo parezca desde dentro. Es pedir ayuda cuando algo te supera, igual que harías si te doliera algo físico o no entendieras una asignatura. Pedir apoyo no te quita independencia; te da perspectiva.

Además, cuando estás metido en el problema es fácil verlo todo más grande, más grave o más sin salida de lo que realmente es. Una mirada externa suele aportar calma, ideas y soluciones que tú no puedes ver desde dentro del problema. Y no, no significa que esa persona vaya a solucionarlo todo por ti: significa que no tienes que cargar con ello a solas.

Paso 2: cuenta lo que ha pasado, sin adornos

No hace falta exagerar ni minimizar. Contar lo ocurrido tal como fue ayuda mucho más que intentar proteger a todo el mundo, suavizar la historia o, por el contrario, dramatizarla como si fuera el tráiler de una serie de Netflix. Di qué pasó, quién estaba implicado, cómo te sentiste en ese momento y qué es lo que más te preocupa ahora mismo. No necesitas tener todas las respuestas ni explicarlo todo perfecto; basta con ser honesto.

A veces cuesta encontrar las palabras adecuadas, y está bien decir algo como "no sé muy bien cómo explicarlo" o "me siento raro contándolo". Eso también es información importante. Expresar las emociones ayuda a que la otra persona entienda por qué el problema pesa tanto, no solo qué ocurrió a nivel técnico o práctico.

Intentar esconder partes de la historia por miedo a la reacción suele hacer que el problema crezca en silencio. Contarlo con calma, aunque dé un poco de vergüenza o incomodidad, suele aliviar más de lo que parece. Ese gesto de explicar lo ocurrido ya demuestra madurez y ganas de afrontar la situación.

Y sí, contar lo que ha pasado así, sin adornos pero con sinceridad, ya es un primer paso enorme. A veces, el más difícil de todos.

Paso 3: piensa en opciones, no en castigos

Cuando surge un problema digital, casi siempre hay varias salidas posibles. Y no, ninguna de ellas empieza automáticamente por "me hundo para siempre" ni por "respondo ahora mismo y que arda todo". Pensar en opciones implica parar un momento, respirar hondo y recordar algo importante: el objetivo no es castigarte ni machacarte mentalmente, sino **resolver la situación y aprender** para la próxima vez.

Algunas opciones habituales pueden ser:

- borrar contenido que ya no aporta nada o que está generando conflicto,
- bloquear o silenciar a alguien para recuperar tranquilidad,
- denunciar una conducta si ha cruzado una línea clara,

- ajustar la privacidad para reducir exposiciones futuras,
- pedir ayuda a un adulto, profesor o mediador que ayude a gestionar la situación.

No todas las opciones sirven en todos los casos, y eso está bien. Lo importante es entender que **siempre hay más de una salida**, y que elegir conscientemente devuelve una sensación muy necesaria: la de tener control sobre lo que está pasando. Pasar de "me ha pasado algo horrible" a "vale, tengo varias cosas que puedo hacer" cambia mucho cómo se vive el problema.

Además, pensar en opciones ayuda a no reaccionar por impulso. El impulso suele llevar a decisiones rápidas y poco elegantes (mensajes que luego querrías borrar de la historia de Internet). Las opciones, en cambio, permiten actuar con cabeza.

Paso 4: aprende algo de lo ocurrido

Esto no va de buscar culpables ni de repasar el error con lupa como si fuera un crimen internacional. Va de aprender. Y aprender implica hacerse preguntas sencillas pero poderosas: ¿qué haría distinto la próxima vez?, ¿qué señales pasé por alto?, ¿qué he descubierto sobre mí, sobre otras personas o sobre cómo funciona Internet?

Cuando un error se convierte en aprendizaje, deja de ser solo un mal rato y pasa a ser experiencia. Y la experiencia, aunque no siempre es divertida, es tremendamente útil. Aprender de lo ocurrido ayuda a que el mismo problema no se repita... o, al menos, a que se gestione mejor la próxima vez.

Paso 5: recuerda lo importante

Un problema online no borra todo lo bueno que eres ni todo lo que has hecho bien hasta ahora. Tu identidad digital no se reduce a un error, un mal día o una decisión impulsiva. Se construye con el tiempo, con muchas decisiones pequeñas, con ajustes, con correcciones y con crecimiento.

Es fácil que, en medio de un problema, parezca que todo se viene abajo. Pero no es así. Un tropiezo no define quién eres ni quién puedes llegar a ser. Forma parte del camino de aprender a moverte en un entorno digital complejo.

Y sí, esto también se aprende.

7.5. Qué NO hacer (errores típicos que complican todo)

Aquí entramos en territorio universal. Estos errores se repiten en todas las casas del planeta.

Error 1: reaccionar como si el mundo se estuviera acabando

Este error es un clásico intergeneracional y, además, tremendamente eficaz... para estropear cualquier conversación. Cuando aparece un problema digital y la reacción inmediata es entrar en modo "alerta máxima", con gritos, reproches, amenazas o discursos dramáticos dignos de un tráiler apocalíptico, lo que ocurre es bastante predecible: la comunicación se rompe.

Para los padres y madres, esta reacción suele nacer del miedo. Miedo a que algo vaya mal, a no haber visto venir el problema, a perder el control de una situación que no dominan del todo. Es comprensible. Pero cuando ese miedo se transforma en explosión emocional, el mensaje que llega al adolescente no es "me importas", sino "esto es peligroso y no es seguro contármelo". Y la próxima vez, simplemente no hablará.

Para los adolescentes, vivir una reacción así se siente como si un pequeño error se hubiera convertido, de repente, en una catástrofe irreversible. Da igual que el problema tenga solución: en ese momento lo único que perciben es juicio, enfado y una sensación muy clara de "he metido la pata y ahora todo va a ir a peor". El resultado suele ser silencio, defensividad o incluso mentiras para evitar otra explosión similar.

Reaccionar como si el mundo se acabara no ayuda a entender qué ha pasado, no facilita encontrar soluciones y no enseña nada útil. Solo genera distancia. Y esa distancia es justo lo contrario de lo que se necesita cuando surge un problema digital.

Para ambos lados, el aprendizaje aquí es sencillo, aunque no siempre fácil de aplicar: bajar el volumen emocional no significa restarle importancia al problema. Significa crear un espacio donde se pueda hablar sin miedo. Un adulto que respira antes de reaccionar transmite control y apoyo. Un adolescente que se siente escuchado tiene muchas más posibilidades de explicar lo ocurrido con honestidad.

En resumen: el problema puede ser serio, sí, pero tratarlo como si fuera el fin del universo solo consigue que nadie quiera volver a hablar del tema. Y en el mundo digital, el silencio casi siempre empeora las cosas.

Error 2: confiscar el móvil como primera opción

Confiscar el móvil suele parecer una solución rápida, casi automática, como pulsar el botón de "apagar y encender" cuando algo no funciona. El problema es que, en el mundo digital, **retirar el dispositivo no arregla el problema de fondo**. Solo lo tapa... y no muy bien.

Para las familias, quitar el móvil transmite el mensaje de que el problema es el aparato, cuando en realidad el problema suele ser **el uso, la situación o la falta de acompañamiento**. Además, convierte la conversación en un castigo inmediato, lo que reduce drásticamente las ganas de hablar la próxima vez. El adolescente aprende algo muy concreto: "si cuento lo que pasa, pierdo el móvil". Resultado previsible: la próxima vez no lo contará.

Para los adolescentes, la confiscación se vive muchas veces como una injusticia absoluta y poco relacionada con lo ocurrido. No lo perciben como una ayuda, sino como una desconexión forzada de su mundo social, académico y emocional. Y no, no exageran tanto como parece: hoy el móvil es agenda, cuaderno, contacto con amigos, entretenimiento y, a veces, refugio.

Además, seamos realistas: **retirar un móvil no elimina Internet**. Solo crea adolescentes que acceden a otros dispositivos que tú no controlas: el móvil de un amigo, una tablet vieja, el portátil del aula, el ordenador familiar "solo para trabajos"... La conexión no desaparece; simplemente se vuelve invisible para el adulto.

Esto no significa que nunca haya límites ni consecuencias. Significa que el móvil no debería ser la primera reacción automática, sino la última opción pensada con calma y explicada con sentido. Antes de quitar, conviene preguntar: ¿qué ha pasado exactamente?, ¿qué necesita esta situación: un ajuste de privacidad, una conversación, una norma clara, un aprendizaje?

Cuando el móvil se usa como castigo principal, se pierde una oportunidad enorme: **enseñar a usarlo mejor**. Y educar no va de apagar pantallas, sino de aprender a convivir con ellas sin que todo explote.

Error 3: espiar para "proteger"

Este error nace casi siempre de una buena intención: el miedo. Miedo a que algo vaya mal, a no enterarse a tiempo, a que el mundo digital sea demasiado grande, rápido o peligroso para quien aún está aprendiendo a moverse en él. El problema es que **espiar no protege**, solo genera una ilusión de control que suele durar muy poco.

Para las familias, vigilar mensajes, revisar conversaciones a escondidas, acceder a cuentas sin avisar o leer chats "por si acaso" puede parecer una forma de cuidar. Sin embargo, el mensaje que recibe el adolescente es otro muy distinto: "no confío en ti" o "si hablo con honestidad, me vigilan más". Y cuando la confianza se rompe, no desaparecen los problemas… **desaparece la comunicación**. A partir de ahí, los errores no se evitan: simplemente se esconden mejor.

Para los adolescentes, descubrir que su privacidad ha sido invadida suele sentirse como una traición. No importa que la intención fuera buena. La sensación es clara: alguien ha cruzado una línea sin permiso. Y cuando eso pasa, es muy probable que la próxima vez no cuenten nada, incluso aunque realmente necesiten ayuda. No porque no quieran apoyo, sino porque temen perder el poco espacio propio que sienten que les queda.

La vigilancia extrema no educa. No enseña a tomar decisiones, no fomenta la responsabilidad y no ayuda a gestionar errores. Lo único que consigue es **aplazar los problemas** hasta que aparecen de golpe, cuando ya son demasiado grandes, más difíciles de explicar y mucho más complejos de resolver.

Esto no significa mirar hacia otro lado ni fingir que todo va bien. Significa cambiar el enfoque: acompañar en lugar de vigilar, preguntar en lugar de espiar, acordar normas claras en lugar de actuar en secreto. La protección real no viene de saberlo todo, sino de crear un clima donde contar las cosas sea posible sin miedo.

Dicho de otra forma: es mejor que te cuenten un problema pequeño a tiempo, que descubrir uno enorme cuando ya no queda confianza para hablarlo. En este punto conviene aclarar algo importante: **los controles parentales no son el enemigo**. De hecho, son necesarios, especialmente al principio, cuando los adolescentes aún están aprendiendo a moverse por el mundo digital. Pero su eficacia depende de *cómo* se usen. Los controles deberían **pactarse, explicarse y hablarse**, no imponerse en silencio. Saber qué se controla, por qué y durante cuánto tiempo genera más seguridad que desconfianza. Y, muy importante, esos controles no son para siempre: a medida que crecen la madurez, la responsabilidad y la confianza, deberían **ir reduciéndose progresivamente**, igual que se quitan las ruedas de apoyo a una bicicleta. El objetivo no es vigilar eternamente, sino acompañar hasta que ya no haga falta hacerlo.

Error 4: minimizar sus preocupaciones

"Eso no es nada". "Te preocupas por tonterías". "Ya se te pasará". Estas frases suelen salir sin mala intención, pero tienen un efecto bastante claro: hacen que la otra persona se cierre. Para los adolescentes, lo que sienten **sí es importante**, aunque desde fuera parezca exagerado o poco grave. Minimizar una preocupación no la hace desaparecer; solo la empuja a un rincón donde deja de compartirse.

Para las familias, este error suele venir de la experiencia: ya has pasado por cosas peores, ya sabes que el mundo no se acaba por un comentario o un mensaje. Pero el cerebro adolescente no funciona con perspectiva histórica, funciona con intensidad emocional. Y lo que hoy parece "una tontería", para ellos puede ser el centro del universo durante unas horas o unos días.

Para los adolescentes, escuchar que sus preocupaciones no importan es una señal clara de que no merece la pena volver a hablar del tema. El mensaje implícito es: "si esto te afecta, es problema tuyo". Y ahí se pierde una oportunidad enorme de acompañar.

Reconocer una emoción no significa inflarla ni dramatizarla. Significa decir algo tan simple como: "entiendo que esto te preocupe" o "veo que te ha afectado". A partir de ahí, ya habrá tiempo de poner las cosas en contexto. Pero sin validación emocional, no hay conversación posible.

Error 5: convertir la conversación en un informe policial

Cuando una charla se llena de preguntas encadenadas ("¿quién estaba?, ¿qué dijo?, ¿a qué hora?, ¿por qué?, ¿qué hiciste después?"), deja de ser una conversación y se convierte en un interrogatorio. Y nadie habla con naturalidad cuando se siente interrogado.

Para los adultos, preguntar mucho parece interés y control de la situación. Para los adolescentes, suele sentirse como desconfianza, presión o una trampa para pillarles en algo. El resultado es previsible: respuestas cortas, evasivas o directamente silencio.

Una buena conversación no necesita todos los detalles desde el minuto uno. Necesita espacio. Preguntas clave, no un cuestionario completo. Mejor pocas preguntas bien hechas que veinte seguidas que saturan y bloquean.

Si notas que la otra persona empieza a responder con monosílabos o a mirar el móvil como si fuera una salida de emergencia, probablemente el "informe policial" ya está en marcha. Pausa, respira y vuelve a un tono más humano.

Aquí también los adolescentes pueden ayudar mucho a que la situación no escale: si sientes que la conversación se está volviendo incómoda, dilo con calma. Frases como "me siento un poco agobiado con tantas preguntas", "prefiero contarlo poco a poco" o "ahora mismo no sé explicarlo bien" ayudan más de lo que parece. No es una falta de respeto, es una forma sana de marcar límites. Cuando ambas partes expresan cómo se sienten, la conversación deja de ser un interrogatorio y se convierte en un diálogo real.

Error 6: analizar la situación desde tu perspectiva adulta

"Hombre, yo a tu edad..." es una frase clásica y, casi siempre, poco útil. No porque la experiencia adulta no valga, sino porque **el contexto ha cambiado radicalmente**. La vida digital añade capas de exposición, velocidad y permanencia que muchos adultos no vivieron a esa edad.

Para las familias, comparar suele ser un intento de relativizar y tranquilizar. Para los adolescentes, suena a "no me estás entendiendo" o "lo tuyo no es comparable a lo mío". Y, en parte, tienen razón: no lo es.

Esto no significa que la experiencia adulta no sirva para nada. Significa que primero hay que entender el contexto actual antes de aplicar aprendizajes del pasado. Escuchar cómo se vive hoy una situación digital permite luego aportar perspectiva sin invalidar.

Cambiar el "yo a tu edad" por un "cuéntame cómo lo estás viviendo tú" suele marcar una diferencia enorme. Y aquí va algo importante dirigido especialmente a los adolescentes: cuando un adulto recurre al famoso "yo a tu edad...", casi nunca lo hace para competir contigo ni para invalidar lo que sientes. Normalmente lo hace porque **no sabe muy bien cómo ayudarte** y tira de lo único que tiene a mano: su propia experiencia. Desde fuera puede sonar pesado, desconectado o poco útil, pero muchas veces nace del miedo, de la preocupación y del deseo sincero de protegerte.

Adolescentes, a los adultos nos cuesta aceptar que el mundo en el que creciste no es el mismo en el que crecimos nosotros. Nos cuesta no tener respuestas claras. Nos cuesta sentir que no controlamos una situación que te afecta. Y, cuando no sabemos qué hacer, hablamos de lo que conocemos. No siempre acertamos con la forma, es verdad. Pero la intención, casi siempre, es ayudarte a no pasarlo mal, aunque el camino elegido no sea el mejor.

Entender esto no significa que tengas que aguantar discursos eternos ni comparaciones injustas. Significa saber que, detrás de muchas frases torpes, hay preocupación real. A veces los adultos también estamos aprendiendo sobre la marcha. Y cuando ambas partes lo entienden, es mucho más fácil pasar del choque generacional al diálogo sincero.

Error 7: usar el sarcasmo en los peores momentos

El sarcasmo puede ser divertido, rápido e ingenioso... pero también profundamente hiriente si aparece en el momento equivocado. Cuando alguien está preocupado, avergonzado o inseguro, una broma mal colocada puede cerrar la conversación de golpe.

Para los adultos, a veces el sarcasmo es una forma de rebajar tensión o expresar preocupación sin ponerse serio. Para los adolescentes, suele sentirse como burla, falta de respeto o incomprensión.

El humor es una herramienta fantástica para conectar, pero solo cuando la otra persona está preparada para recibirlo. En mitad de un problema, lo que más ayuda no es una frase graciosa, sino sentir que te toman en serio.

El criterio es sencillo: si la broma te haría gracia a ti en esa situación, adelante. Si no, mejor guárdala para otro momento. El humor une cuando acompaña; hiere cuando invalida.

Cómo puede reaccionar un adolescente ante estos comentarios sin herir

Si escuchas un "yo a tu edad..." y notas que te desconectas por dentro, es normal. Pero también puedes ayudar a que la conversación no se descarrile. No hace falta responder con enfado ni sarcasmo (aunque a veces den ganas). A veces basta con poner palabras a lo que necesitas en ese momento.

Algunas respuestas posibles, dichas con calma, pueden ser:

- "Entiendo lo que me quieres decir, pero ahora mismo me ayudaría más que me escuches un poco."
- "Sé que lo dices para ayudar, solo que mi situación se siente distinta."
- "Me viene bien tu experiencia, pero primero necesito explicar cómo lo estoy viviendo yo."
- "Ahora mismo no busco una comparación, sino pensar juntos qué puedo hacer."

Estas frases no atacan, no invalidan la intención del adulto y dejan claro algo muy importante: **quieres apoyo, pero también quieres ser comprendido en tu contexto**. Decirlo así no es falta de respeto; es comunicación madura.

También es útil recordar algo: muchos adultos agradecen más de lo que parece que les digas cómo pueden ayudarte. No siempre saben qué decir ni cómo hacerlo, y una frase clara puede recolocar la conversación. Cuando expresas tus límites con respeto, das la oportunidad de que la otra persona ajuste su forma de acompañarte.

Y si aun así la conversación no fluye, está bien pedir una pausa: "¿Lo hablamos luego con más calma?". A veces el mejor movimiento no es seguir hablando, sino dar tiempo para que ambos lados respiren y vuelvan con menos ruido emocional.

Material para familias y profesorado

Este apartado no pretende dar fórmulas mágicas ni soluciones universales (ojalá existieran), sino ofrecer ideas sencillas, realistas y aplicables al día a día. Porque hablar bien no es cuestión de ser experto en psicología ni de haber leído todos los libros del mundo: es cuestión de práctica, intención y un poco de paciencia. Mucha, a veces.

Ideas prácticas para familias

- **Establecer momentos de charla sin pantallas.** No hace falta organizar una asamblea familiar formal. Basta con ratos cotidianos: mientras se cocina, se pasea al perro o se va en coche. Momentos en los que el móvil no es el protagonista y la conversación fluye sin presión.
- **Crear "espacios seguros de conversación".** Lugares y momentos donde se pueda hablar sin miedo a castigos inmediatos. No significa que no haya consecuencias nunca, sino que primero se escucha, se entiende y luego se decide. Cuando un adolescente sabe que no todo se traduce en bronca automática, habla más.
- **Revisar en conjunto configuraciones básicas del móvil.** Hacerlo juntos transmite acompañamiento, no control. Además, es una buena oportunidad para que los adultos también aprendan (y sí, a veces son los hijos los que explican cómo funciona algo).
- **Hablar de errores digitales propios.** Contar metidas de pata propias normaliza el aprendizaje y baja el listón de la perfección. Demuestra que equivocarse forma parte del proceso y que no pasa nada por reconocerlo.

- **Aceptar que no siempre saldrá bien.** Habrá conversaciones torpes, silencios incómodos y momentos en los que pensarás "esto no está funcionando". Es normal. La comunicación no es una línea recta; es más bien una carretera con curvas y algún bache.

Ideas prácticas para docentes

- **Dinámicas en clase para trabajar la comunicación digital.** Pequeñas actividades donde se analicen situaciones habituales de forma distendida ayudan a quitar dramatismo y a generar reflexión sin señalar a nadie. No hace falta preparar sesiones complejas ni convertirse en especialista en redes sociales: basta con partir de situaciones reconocibles para el alumnado (un malentendido en un chat, un comentario fuera de lugar, una captura compartida sin permiso) y abrir un espacio para hablarlas con calma. Estas dinámicas funcionan especialmente bien cuando se presentan como algo cotidiano, no como una lección moral.
- **Casos ficticios para analizar problemas reales.** Trabajar con ejemplos inventados permite hablar de conflictos digitales sin exponer experiencias personales ni señalar a nadie del grupo. El alumnado se implica más cuando no se siente observado ni juzgado. Además, los casos ficticios permiten exagerar ligeramente ciertas situaciones (con humor, si se quiere) para que los riesgos y consecuencias se vean con más claridad. Analizar qué ha fallado, qué opciones había y qué se podría haber hecho distinto convierte el error en aprendizaje colectivo.
- **Role-playing de diálogos familiares.** Representar conversaciones desde distintos puntos de vista ayuda a de-

sarrollar empatía y a comprender mejor las emociones implicadas. Ponerse en la piel del otro suele ser más eficaz que cualquier explicación teórica. Un alumno puede interpretar a un adolescente, otro a un adulto preocupado y otro observar la escena. Después, comentar cómo se han sentido en cada rol abre debates muy ricos y sorprendentemente honestos.

- **Actividades de empatía digital.** Preguntas como "¿Cómo te sentirías si esto te pasara a ti?" o "¿Qué pensarías si vieras esto sin contexto?" ayudan a entender el impacto real de palabras y acciones online. Estas actividades permiten trabajar algo clave: que en Internet no vemos gestos, tonos ni matices, y que por eso un mensaje puede doler más de lo que quien lo envía imagina. Reflexionar sobre esto reduce conflictos y mejora la comunicación digital.
- **Recordar que el profesorado tampoco tiene que saberlo todo.** Acompañar no es tener todas las respuestas, sino crear espacios de diálogo y reflexión. Mostrar dudas también enseña. Decir "no lo sé, vamos a pensarlo juntos" transmite cercanía y realismo. El profesorado no necesita ser experto en cada app o red social: necesita ser un adulto disponible, coherente y dispuesto a escuchar. Y eso, curiosamente, suele ser lo que más valoran los estudiantes.

Ideas prácticas para adolescentes

(sí, para ti, que lees esto y vives online más horas de las que admitirías en voz alta)

Antes de empezar, una cosa importante: **nadie espera que lo hagas todo perfecto**. Ni tus padres, ni tus profesores, ni siquiera tú mismo (aunque a veces parezca que sí). La vida digital no es un examen final: es un proceso de prueba, error y aprendizaje constante. Y estas ideas no están pensadas para controlarte, sino para ayudarte a moverte con un poco más de cabeza en un mundo que, seamos sinceros, a veces va demasiado rápido.

1. Aprende a parar antes de publicar (aunque cueste)

No todo lo que se te pasa por la cabeza necesita convertirse en una publicación. De verdad.

Antes de subir algo, hazte tres preguntas rápidas:

- ¿Lo subiría dentro de una semana?
- ¿Me daría igual que lo viera alguien que no conozco mucho?
- ¿Lo estoy publicando porque quiero… o porque necesito atención ahora mismo?

Si dudas, **para**. No pasa nada por no subirlo. Internet no se va a acabar si hoy no publicas nada. Aunque parezca mentira, sobrevivirá.

Parar no es censurarte, es **darte tiempo**. Y el tiempo suele mejorar bastante las decisiones.

2. No respondas en caliente (Internet odia las respuestas impulsivas)

Cuando algo te enfada, te molesta o te duele, tu cerebro entra en modo "responder YA". El problema es que ese modo suele tener muy mal criterio.

Responder enfadado suele provocar:

- mensajes que luego borrarías,
- discusiones que se hacen más grandes,
- capturas de pantalla eternas,
- y arrepentimiento en diferido.

Consejo práctico:

Escribe el mensaje,

No lo envíes,

Deja pasar un rato,

Vuelve a leerlo.

Muchas veces, después de unos minutos, piensas: "vale... esto mejor no".

3. Aprende a usar el botón de "bloquear" sin sentirte culpable

Bloquear no es ser débil.

Bloquear no es exagerar.

Bloquear no es perder una batalla imaginaria.

Bloquear es **poner un límite**.

Y poner límites es una habilidad muy adulta, aunque suene raro.

Si alguien te hace sentir mal, te provoca constantemente o no respeta tus límites, **no tienes que aguantarlo** para demostrar nada. No tienes que convencer a nadie. No tienes que explicarte mil veces.

Tu paz mental vale más que una discusión eterna en comentarios.

4. Recuerda que no todo el mundo muestra la verdad completa

La mayoría de perfiles muestran:

- El mejor ángulo,
- El mejor momento,
- La mejor versión,
- Y cero problemas visibles.

Comparar tu vida real con la versión editada de otros es injusto… **para ti**.

No significa que estés haciendo algo mal; significa que estás viendo solo un fragmento del puzzle.

Si alguna vez sientes que "todos están mejor que yo", recuerda esto: **no estás viendo el día completo de nadie, solo su escaparate**.

5. Hablar con un adulto no te quita independencia

Esto es importante:

pedir ayuda no significa que no puedas solo,

significa que sabes cuándo algo te supera.

Hablar con un adulto de confianza no es rendirse ni "liarla más". A veces es justo lo contrario: **evitar que el problema**

crezca.

Y sí, puede que el adulto reaccione raro al principio. Puede que se preocupe más de la cuenta. Puede que diga alguna frase poco acertada. No siempre saben hacerlo perfecto (spoiler: nadie).

Pero la mayoría no quiere controlar tu vida. Quiere ayudarte… aunque no siempre sepa cómo.

6. Aprende a decir "esto no me ayuda" sin faltar al respeto

Si un comentario de un adulto te molesta o no te sirve, **puedes decirlo**, y además puedes hacerlo bien.

Ejemplos que funcionan mejor que enfadarse:

- "Entiendo lo que me quieres decir, pero ahora mismo me ayudaría más que me escuches."
- "Sé que te preocupa, solo que necesito explicarlo a mi manera."
- "Ahora mismo no necesito soluciones, solo hablar un poco."

Esto no es contestar mal.

Es **comunicarte mejor**.

7. Cuida lo que subes… pero también cómo lo usas

Tu identidad digital no es solo lo que publicas.

También es:

- A qué cuentas sigues,
- Qué contenido consumes,
- Cuánto tiempo pasas conectado,

- Cómo te sientes después de usar una red social.

Si una app te deja peor de lo que estabas, algo falla.

Y no siempre es culpa tuya, pero sí puedes **hacer pequeños ajustes**: silenciar cuentas, dejar de seguir, reducir tiempo, cambiar hábitos.

No todo es "todo o nada". A veces basta con cambiar un poco.

8. No tienes que ser creador perfecto ni activista digital

No tienes que:

- Opinar de todo,
- Posicionarte siempre,
- Responder a cada polémica,
- Demostrar que sabes más que nadie.

Puedes usar Internet para crear, aprender, expresarte… **sin vivir en modo debate constante**.

Tu identidad digital también incluye saber cuándo no decir nada. Y eso, aunque no lo parezca, es una forma de madurez.

9. Si metes la pata (porque pasará), aprende y sigue

Vas a equivocarte alguna vez. Seguro.

Todos lo hacemos.

La clave no es evitar todos los errores (imposible), sino:

- Reconocerlos,
- Aprender algo,
- Ajustar,

- Y seguir adelante.

Un error online no te define.

Tu forma de reaccionar después, sí.

10. Recuerda esto (importante, de verdad)

No estás solo en el mundo digital.

No tienes que saberlo todo.

No tienes que hacerlo perfecto.

Tu identidad digital se construye poco a poco, con decisiones pequeñas, con ajustes, con conversaciones incómodas y con aprendizaje constante.

Y pedir ayuda, poner límites, pensar antes de publicar y cuidar cómo te sientes online **no te hace menos libre**.

Te hace más dueño de tu vida digital.

En esencia, **hablar importa**, y cómo hablamos importa todavía más. Las conversaciones digitales no necesitan perfección, necesitan constancia. No se trata de hacerlo siempre bien, sino de seguir intentándolo, incluso cuando cuesta. Porque escuchar sin invadir, hablar sin juzgar y acompañar sin controlar es un aprendizaje compartido, tanto dentro como fuera del aula.

En esencia, **hablar importa**, y cómo hablamos importa todavía más. Las conversaciones digitales no necesitan perfección, necesitan constancia. No se trata de hacerlo siempre bien, sino de seguir intentándolo, incluso cuando cuesta. Porque escuchar sin invadir, hablar sin juzgar y acompañar sin controlar es un aprendizaje compartido, tanto dentro como fuera del aula.

10

Herramientas prácticas para la vida digital

Soluciones concretas para un mundo real (no ideal)

Hasta ahora hemos hablado de ideas, actitudes, conversaciones y cambios de mirada. Todo muy necesario, sí... pero vamos a ser honestos: **esto no es cierto del todo**. En realidad, ya hemos ido viendo consejos, ejemplos y pequeñas ideas prácticas a lo largo de todo el libro (al menos eso espero, porque si no, este autor queda fatal).

Aun así, y aquí viene la parte en la que reconozco que soy un poco pesado, he decidido dedicar **un capítulo entero** solo a esto. Porque nunca está de más recordarlo todo, tenerlo junto, ordenado y bajado a tierra. Y sí, soy consciente: insisto mucho. Lo sé. Lo asumo. Y lo siento.

Dicho esto, llega un momento en el que alguien levanta la mano (mentalmente o en voz alta) y pregunta:

"Vale, todo esto está muy bien... pero **¿qué hago exactamente?**"

Este capítulo existe para responder a esa pregunta.

Porque la vida digital no se gestiona solo con buenas intenciones. Se gestiona con **herramientas**, **ajustes**, **hábitos** y pequeñas decisiones prácticas que, sumadas, marcan una diferencia enorme. No vamos a buscar la perfección, eso no existe, sino algo mucho más realista: **reducir riesgos, ganar tranquilidad y no volvernos locos en el intento**.

Aquí no encontrarás recetas mágicas ni listas infinitas imposibles de cumplir. Encontrarás lo que de verdad funciona en el día a día, tanto en casa como en el aula.

8.1. Privacidad básica que todos deberían dominar

La privacidad digital no va de esconderse ni de vivir con miedo, ni de ponerse una gabardina imaginaria cada vez que abres una app. Va de **decidir quién puede ver qué**, cuándo y por qué. Es decir, de tener un mínimo de control sobre tu propia vida digital.

Igual que no dejamos la puerta de casa abierta "por si acaso", ni invitamos a desconocidos a cotillear el salón, tampoco tiene mucho sentido dejar toda nuestra vida digital en modo escaparate permanente. No porque tengamos algo que ocultar, sino porque **no todo es para todo el mundo**.

Privacidad no es paranoia. Es sentido común. Es decidir que hay cosas que son públicas, otras que son solo para amigos, y otras que se quedan tranquilamente en el ámbito personal. Exactamente igual que en la vida real: no cuentas lo mismo a tu mejor amigo, a tu profesor o a alguien que acabas de conocer en una cola.

Gestionar la privacidad es, en el fondo, aprender a poner límites digitales sanos. Límites que no te aíslan, pero que sí te protegen. Y aunque al principio dé pereza revisar ajustes o pensar dos veces antes de compartir algo, esa pequeña inversión de tiempo suele ahorrarte muchos sustos, malentendidos y dramas innecesarios más adelante.

Conceptos clave que conviene tener claros

Antes de entrar en ajustes, botones y pantallas llenas de opciones, conviene tener claras algunas ideas básicas. No son técnicas, no requieren ser experto en nada y, aun así, evitan muchísimos problemas. Son como las normas de tráfico de la vida digital: simples, repetidas mil veces... y sorprendentemente ignoradas.

- **Privacidad no es secreto.** No significa esconder cosas malas ni vivir en modo incógnito permanente. Significa proteger lo personal, decidir qué compartes, con quién y en qué contexto. Igual que no cuentas todo a todo el mundo en la vida real, en Internet pasa exactamente lo mismo.
- **Lo público llega más lejos de lo que parece.** Mucho más. A veces llega a personas que no imaginabas, en momentos que no esperabas y con interpretaciones que no controlas. Lo que hoy parece una tontería, mañana puede aparecer fuera de contexto y resultar bastante menos gracioso.
- **La configuración por defecto casi nunca es la mejor.** No está pensada para tu bienestar, sino para que la plataforma funcione, crezca y recopile datos. Ajustar la privacidad no es ser desconfiado, es ser consciente.

Hábitos básicos (pero importantísimos)

Aquí no hablamos de grandes sacrificios ni de cambios radicales, ni de convertir tu vida digital en un monasterio sin Wi-Fi. Hablamos de pequeños gestos, sencillos y bastante asumibles, que repetidos con cierta regularidad marcan una diferencia enorme en tranquilidad mental, seguridad y, sobre todo, en evitar líos que podrían haberse prevenido con dos clics y un poco de atención.

Estos hábitos no buscan que vivas en alerta constante, sino justo lo contrario: que una vez interiorizados, **dejen de ocupar espacio mental**. Igual que miras antes de cruzar la calle sin pensarlo demasiado, estos gestos acaban siendo automáticos.

- **Revisar quién puede ver tus publicaciones.** No una vez en la vida ni solo cuando pasa algo raro. Las plataformas cambian, tú cambias y lo que antes te parecía bien, ahora puede que no tanto. Revisar de vez en cuando es una forma sencilla de asegurarte de que tu contenido llega solo a quien tú decides.
- **Decidir quién puede comentar, etiquetar o enviarte mensajes.** No todo el mundo tiene por qué tener acceso directo a ti ni a tu espacio digital. Limitar estas opciones no es ser borde ni antisocial; es reducir ruido, malentendidos y situaciones incómodas que nadie necesita.
- **Pensar dos veces antes de compartir ubicación en tiempo real.** Especialmente cuando implica rutinas, horarios o lugares que visitas con frecuencia. No se trata de vivir escondido, sino de evitar dar más información de la necesaria. A veces, compartir después es más que suficiente.
- **Asumir que cualquier cosa que se envía puede salir del chat.** No porque la otra persona sea mala o tenga malas intenciones, sino porque basta una captura, un reenvío impulsivo o un malentendido. Pensar en esto antes de enviar algo suele ahorrar muchos arrepentimientos posteriores.

Estos hábitos no eliminan todos los riesgos, pero **reducen muchísimo las probabilidades de sustos innecesarios**. Y eso, en el mundo digital, ya es un gran avance.

Una buena regla general, sencilla y sorprendentemente efectiva:

Si no te sentirías cómodo viéndolo en una reunión familiar dentro de cinco años, quizá no haga falta publicarlo.

8.2. Ajustes útiles en móviles y redes sociales

El móvil viene configurado como si fuéramos personas adultas, tranquilas, organizadas y con autocontrol infinito. Spoiler: **no lo somos**. Y no pasa nada por admitirlo. Ni los adolescentes, ni muchos adultos, ni siquiera quienes diseñan estas apps viven con ese nivel de calma y autocontrol permanente.

Para los adolescentes, esto significa algo muy simple: si usas el móvil tal y como viene de fábrica, no es porque tú "no tengas fuerza de voluntad", sino porque **no está pensado para ayudarte a desconectar**, sino para que pases más tiempo dentro. Ajustar notificaciones, límites de uso o permisos no es hacer trampas, es ponerte el terreno un poco más a favor.

Para las familias, implica entender que tocar los ajustes no es exagerar ni desconfiar, sino **acompañar de forma realista**. Igual que se ponen normas para dormir, estudiar o salir, revisar configuraciones digitales forma parte del aprendizaje. No es castigar, es enseñar a gestionar.

Por eso tocar los ajustes no es una manía, ni una obsesión técnica, ni una señal de alarma constante. Es una necesidad práctica en un entorno diseñado para captar atención sin descanso. Ajustar el móvil no te quita libertad: te devuelve un poco de control.

Ajustes que merece la pena revisar

- **Notificaciones:** no todo merece interrumpirte.

Las notificaciones son uno de los mayores ladrones de atención que existen. Están diseñadas para hacer exactamente eso: interrumpirte, sacarte de lo que estabas haciendo y llevarte de vuelta a la app, aunque solo fuera "un segundo" (que casi nunca es un segundo). Para adolescentes y adultos por igual, aprender a gestionar notificaciones es aprender a proteger la concentración, el descanso y, en muchos casos, el humor.

No todas las notificaciones son malas ni inútiles, pero muchas no son urgentes en absoluto. Likes, nuevos vídeos recomendados, avisos de que "alguien ha subido algo" o recordatorios constantes pueden esperar perfectamente. Silenciar, agrupar o desactivar notificaciones no significa ignorar el mundo, significa decidir cuándo quieres atenderlo.

Un buen criterio práctico es este: deja activas solo las notificaciones que realmente necesitan una respuesta rápida (mensajes importantes, llamadas, avisos familiares) y revisa el resto cuando tú decidas. El móvil debería trabajar para ti, no darte órdenes cada cinco minutos. Aprender esto reduce distracciones, mejora el estudio, el descanso… y evita muchos conflictos innecesarios por estar siempre con el móvil en la mano "porque ha vibrado".

- **Tiempo de uso:** no para vigilar, sino para tomar conciencia. Esta opción no está pensada para espiar cada minuto ni para convertir el móvil en un informe policial, sino para algo mucho más simple (y útil): saber realmente cuánto tiempo pasamos en cada app. La mayoría de personas, adolescentes y adultos incluidos, subestimamos muchísimo ese dato. Creemos que han sido "cinco minutos" y resulta que ha pasado casi una hora. Mirar el tiempo de uso sirve para detectar hábitos, no para juzgarlos: ver qué apps se comen más tiempo, en qué momentos del día usamos más el móvil y si eso encaja (o no) con lo que nos gustaría estar haciendo. A partir de ahí, se pueden tomar decisiones pequeñas y realistas: poner límites suaves, crear momentos sin pantalla o simplemente decir "vale, ahora lo entiendo". La conciencia es el primer paso para el cambio; el control viene después, y solo si tiene sentido.

- **Permisos de apps:** cámara, micrófono, ubicación... solo cuando haga falta.

Este punto parece obvio, pero en la práctica es uno de los grandes olvidados. Muchas apps piden acceso a absolutamente todo "por si acaso", y la mayoría de veces aceptamos sin leer porque queremos llegar rápido a lo importante. El problema es que, con ese gesto automático, estamos dando más información de la necesaria.

No todas las apps necesitan saber dónde estás, escucharte o ver lo que hay delante de tu cámara. Una app de linterna no necesita tu ubicación. Un juego no necesita tu micrófono. Y una app que solo usas de vez en cuando no tiene por qué tener acceso permanente a nada. Dar permisos solo cuando son realmente necesarios reduce riesgos, evita recopilación innecesaria de datos y, además, hace que el móvil funcione de forma más limpia.

Un buen hábito, tanto para adolescentes como para adultos, es revisar los permisos cada cierto tiempo y preguntarse: ¿para qué necesita esta app esto? Si no hay una respuesta clara, probablemente ese permiso sobra. Y no pasa nada por quitarlo: si la app lo necesita de verdad, ya lo volverá a pedir.

Aprender a gestionar permisos no es ser paranoico ni desconfiado, es aprender a poner límites digitales. Igual que no dejas las llaves de casa a cualquiera "por si algún día las necesita", en el móvil tampoco hace falta dar acceso total a todo el mundo todo el tiempo.

- **Privacidad en redes:** perfiles públicos, privados y "semi-privados".

Este punto suele parecer sencillo... hasta que empiezas a rascar un poco. En teoría, todos entendemos la diferencia entre un perfil público y uno privado. En la práctica, la cosa se complica bastante más, sobre todo con esas opciones intermedias que dan una falsa sensación de seguridad.

Un **perfil público** es exactamente lo que parece: cualquiera puede ver lo que publicas, incluso personas que no conoces, no sigues y que han llegado ahí por pura casualidad (o por aburrimiento). Esto no es necesariamente malo, pero exige un nivel de cuidado mucho mayor. Todo lo que se sube en un perfil público hay que asumir que puede ser visto, guardado, compartido y reinterpretado por personas muy distintas a las que tenías en mente cuando lo publicaste.

Un **perfil privado** reduce mucho esa exposición, pero no la elimina por completo. Solo ven tu contenido las personas a las que aceptas, lo cual ya es un gran filtro. Aun así, sigue existiendo el riesgo de capturas de pantalla, reenvíos o malentendidos. Privado no significa blindado; significa más control, no control absoluto.

Y luego están los perfiles o espacios "**semi-privados**": close friends, listas especiales, grupos cerrados, historias solo para ciertos contactos... Aquí es donde suele bajar la guardia. La sensación de confianza aumenta, el filtro mental se relaja y se comparten cosas que quizá no se compartirían en público. El problema es que basta una sola persona para que ese contenido salga del círculo. No siempre por mala intención, a veces simplemente por torpeza, impulso o falta de conciencia.

Para adolescentes, la clave está en entender que **el nivel de**

privacidad no cambia la naturaleza del contenido. Algo inapropiado lo sigue siendo aunque lo vean pocas personas. Para familias, es importante recordar que estas opciones no son el enemigo, pero sí requieren conversación, criterio y acuerdos claros.

Una buena pregunta para cualquier tipo de perfil es esta: ¿me sentiría cómodo si esto dejara de ser privado mañana? Si la respuesta es no, quizá convenga pensarlo un poco más antes de publicarlo.

Un ajuste bien hecho no soluciona la vida, pero **evita muchos problemas tontos** que acaban creciendo sin necesidad.

8.3. Organización digital para no volverse loco

La vida digital desordenada genera estrés. Mucho. Y no distingue edades: adolescentes, adultos y profesorado sufrimos exactamente lo mismo. No importa si tienes 14 años y 300 memes guardados o si eres adulto y acumulas PDFs "importantes" que no has vuelto a abrir desde 2016: el caos digital agota, distrae y genera una sensación constante de que nunca terminas nada.

Cuando todo está desordenado, encontrar algo sencillo se convierte en una pequeña aventura épica. Buscar una foto para un trabajo, un archivo para clase o un correo importante puede acabar consumiendo más tiempo del necesario y, de paso, un poco de paciencia. Y sí, muchas veces ese estrés no se nota como estrés, sino como irritación, cansancio o ganas repentinas de dejarlo todo "para luego".

Señales de caos digital

Si alguna de estas situaciones te resulta sospechosamente familiar, no estás solo:

- Miles de fotos repetidas, capturas de pantalla que ya no recuerdas para qué eran y vídeos guardados "por si acaso".
- Archivos con nombres tipo "final_definitivo_v3_ahora_sí", acompañados de otros llamados "final_bueno", "final_de_verdad" y "este_es_el_bueno_de_verdad".
- Correos sin leer desde 2018 que siguen ahí, mirándote, juzgándote en silencio.
- Apps instaladas que nadie recuerda haber descargado y que ocupan espacio físico y mental.

Estas señales no indican que seas desorganizado como persona, sino que nadie nos ha enseñado a gestionar nuestra vida digital con el mismo cuidado que otras áreas de nuestra vida.

Pequeños hábitos que ayudan (de verdad)

La buena noticia es que no hace falta una limpieza extrema ni pasar un fin de semana entero borrando cosas mientras te preguntas en qué momento se descontroló todo. No es necesario un plan perfecto, ni una hoja de cálculo, ni música épica de fondo. De hecho, ese tipo de planes suelen empezar con mucha motivación y terminar exactamente igual que siempre: a medias y con más cansancio que resultados.

Pequeños hábitos, aplicados poco a poco y sin dramatismos, suelen ser mucho más eficaces que cualquier sistema ideal que nunca se mantiene en el tiempo. La clave está en asumir que la organización digital no es un evento puntual, sino un mantenimiento básico, como ordenar un poco la habitación antes de que desaparezca el suelo.

- Usar carpetas claras y pocas. No hace falta clasificar la vida entera. Mejor tres carpetas bien pensadas que quince medio vacías con nombres confusos. Cuando algo es sencillo, se usa; cuando es complicado, se abandona.
- Borrar sin miedo lo que no sirve. No todo es importante, ni todo hay que conservarlo "por si acaso". Ese por si acaso suele convertirse en ruido permanente. Dejar ir archivos, fotos o apps que ya no aportan nada también es una habilidad digital muy saludable.
- Hacer revisiones periódicas, cortas y realistas. Diez minutos cada cierto tiempo funcionan infinitamente mejor que una limpieza épica anual que nunca llega. Poner un temporizador ayuda mucho más de lo que parece.
- Utilizar favoritos, listas o notas sencillas para guardar lo realmente importante y no depender solo de la memoria, que bastante tiene ya con recordar contraseñas, fechas y dónde dejamos las llaves.

Organizar no significa controlarlo todo, ni tenerlo impecable, ni convertir tu móvil en un museo perfectamente catalogado digno de una visita guiada. Significa reducir ruido, ahorrar tiempo y quitarte de encima una carga mental innecesaria que va pesando más de lo que creemos.

No se trata de tenerlo todo perfecto ni de ganar un premio a la persona más ordenada del mundo digital. Se trata de **no vivir enterrado bajo tu propio contenido**, de no perder energía buscando cosas que ya existen y de liberar un poco la cabeza para usarla en cosas mucho más interesantes que ordenar capturas de pantalla antiguas.

8.4. Apps, configuraciones y trucos recomendados

No hace falta tener 50 aplicaciones para hacerlo bien. De hecho, cuantas más apps acumulamos, más caos generamos sin darnos cuenta. Cada aplicación nueva promete solucionarnos la vida, pero muchas veces acaba siendo otra cosa más que gestionar, actualizar, aprender a usar… o directamente olvidar que existe hasta que aparece una notificación inesperada.

Tener muchas apps no significa ser más productivo ni más digitalmente avanzado. A veces significa justo lo contrario: dispersión, duplicación de funciones y la sensación constante de que "debería estar usando algo mejor". En el fondo, pocas herramientas bien elegidas y bien entendidas suelen funcionar mucho mejor que un móvil lleno de iconos que nadie recuerda para qué sirven.

Algunas categorías útiles:

- **Gestión de contraseñas.** Para no usar siempre la misma contraseña (sí, esa que empieza a sudar cada vez que la reutilizas) y para evitar tenerlas apuntadas en notas, papeles o, peor aún, en la memoria confiando en que no falle.
- **Organización y notas.** Apps sencillas para apuntar ideas, tareas o recordatorios. No para escribir la próxima gran novela, sino para no olvidar lo importante y liberar espacio mental.
- **Control de tiempo y concentración.** Herramientas que ayudan a tomar conciencia de cuánto tiempo pasamos en

ciertas apps y a poner pequeños límites cuando hace falta, sin castigos ni dramas. Sí, esto ya lo hemos comentado antes. Y sí, probablemente lo vuelva a repetir más adelante. A estas alturas ya deberías saberlo: insisto mucho, repito ideas y soy bastante pesado... pero es que funciona. A veces no hace falta una idea nueva, sino escuchar la misma varias veces hasta que, de repente, hace *clic* y empezamos a usarla de verdad.

- **Creación de contenido positivo.** Aplicaciones que permiten crear, no solo consumir: editar vídeos, diseñar, escribir, grabar audio o preparar proyectos personales.

La clave no es la app en sí, sino **cómo y para qué se usa**. Una herramienta mal usada complica; una bien usada simplifica. Muchas veces el problema no es la tecnología, sino la expectativa que ponemos en ella: esperamos que una app nos organice la vida, nos quite el estrés y nos convierta en personas productivas por arte de magia. Spoiler: eso no suele pasar.

No se trata de tener "la mejor app" ni la más popular, ni la que todo el mundo recomienda en redes, sino la que realmente encaja con tus necesidades, tu edad, tu ritmo y tus hábitos reales. La mejor app del mundo no sirve de nada si no la usas, si te resulta incómoda o si acaba siendo otra cosa más que te genera culpa por no aprovecharla.

También es importante entender que cambiar de herramienta constantemente no suele solucionar el problema. Saltar de app en app buscando la solución perfecta suele añadir más confusión que orden. A veces lo más inteligente es usar algo sencillo, aunque no sea espectacular, pero que cumpla su función sin exigir demasiado a cambio.

Y si una app no te aporta nada, no pasa absolutamente nada

por eliminarla. Borrar también es una forma de avanzar. No es rendirse ni fracasar, es tomar una decisión consciente. Tu móvil tendrá menos ruido, tu cabeza irá un poco más ligera... y probablemente ni siquiera la echarás de menos.

8.5. Recursos útiles para casa y aula

Este capítulo no estaría completo sin pensar en los espacios donde más se aprende: **el hogar y el aula**. Porque, aunque Internet parezca un territorio salvaje y sin normas, la forma en la que aprendemos a movernos en él tiene mucho que ver con lo que vemos, hablamos y practicamos en estos dos lugares.

Ni en casa ni en el aula se trata de tener todas las respuestas, ni de ser expertos en tecnología, ni de controlar cada paso que dan los adolescentes. Se trata, sobre todo, de **acompañar**, de generar espacios donde equivocarse no sea un drama y donde las decisiones digitales se puedan comentar con naturalidad.

En casa

El hogar es, muchas veces sin darnos cuenta, el primer laboratorio digital. Ahí se aprenden hábitos, actitudes y formas de reaccionar ante problemas online casi por ósmosis.

- Revisar ajustes juntos, sin dramatismos ni discursos largos. No como una inspección sorpresa, sino como una rutina normal, igual que se revisa una mochila o se organiza una habitación. Compartir el momento ayuda a quitarle tensión y a normalizar que los ajustes cambian y se revisan.
- Hablar de decisiones digitales cotidianas, no solo cuando

hay un problema. Comentarios del tipo "me ha salido esto", "no sabía si compartir aquello" o "he quitado este permiso" ayudan a que los adolescentes entiendan que pensar antes de actuar es algo normal, no un castigo.

- Normalizar el aprendizaje a base de prueba y error. Equivocarse forma parte del proceso. Lo importante no es evitar todos los errores, sino aprender de ellos sin miedo ni vergüenza. Un error bien acompañado enseña más que diez normas impuestas.

Además, en casa es clave recordar que el ejemplo pesa más que cualquier sermón. La forma en la que los adultos usan el móvil, gestionan su tiempo o reaccionan ante noticias falsas también educa, aunque no se diga explícitamente.

En el aula

El aula es el espacio ideal para convertir la vida digital en algo visible, compartido y reflexionado, sin personalizar ni señalar.

- Actividades prácticas con móviles reales (o simulados). Ver ajustes en directo, comparar configuraciones o analizar ejemplos ficticios ayuda a que el aprendizaje sea concreto y no abstracto.
- Análisis de configuraciones comunes. Entender qué opciones vienen activadas por defecto y por qué permite desarrollar pensamiento crítico y desmontar la idea de que "si viene así, será lo mejor".
- Reflexión sobre hábitos digitales diarios. No solo qué apps usan, sino cómo las usan, cuándo y para qué. Estas conversaciones suelen generar más conciencia que cualquier lista

de normas.

El aula también ofrece algo muy valioso: la posibilidad de ver que no todos viven lo digital igual. Comparar experiencias ayuda a relativizar, a reducir presión social y a entender que no existe una única forma correcta de estar en Internet.

En definitiva, no se trata de controlar cada clic, ni en casa ni en clase, sino de **enseñar a tomar decisiones conscientes**, a pensar antes de actuar y a entender que la vida digital, igual que la real, se aprende poco a poco, con acompañamiento y sin necesidad de hacerlo perfecto.

Este capítulo no busca que lo hagas todo perfecto, sino que **tengas recursos reales para un mundo digital real**. Y eso, aunque no lo parezca, ya es muchísimo.

11

Acompañar sin controlar: crecer con autonomía digital

El equilibrio entre protección y confianza

Llegamos a un punto delicado. Y sí, antes de seguir, voy a decirlo **por última vez** (prometido): algunas de las ideas que aparecen en este capítulo ya han ido asomando antes a lo largo del libro. No es un error, ni un despiste, ni que se me hayan acabado los temas. Es simplemente porque este asunto es tan importante que merece ser mirado desde varios ángulos… y porque, seamos honestos, a veces necesitamos escuchar lo mismo varias veces hasta que realmente encaja.

Dicho esto, aquí lo dejo. No lo volveré a repetir.

Este capítulo habla de uno de los equilibrios más complicados de la educación digital, y de la educación en general: **cómo proteger sin ahogar, cómo acompañar sin vigilar y cómo soltar poco a poco sin desaparecer del todo**.

Porque nadie quiere ser el padre, la madre o el adulto que

controla cada clic, cada mensaje y cada minuto de pantalla. Pero tampoco nadie quiere mirar hacia otro lado y cruzar los dedos esperando que todo vaya bien. Entre el control absoluto y la dejadez total existe un espacio intermedio. Y ese espacio es justo donde ocurre el aprendizaje real.

Aquí vamos a hablar de controles parentales sin demonizarlos ni idealizarlos, de normas que no suenan a castigo, de pactos que evolucionan con el tiempo y de cómo se construye la responsabilidad digital paso a paso, sin prisas... pero sin pausas eternas.

No se trata de hacerlo perfecto. Se trata de hacerlo **mejor cada vez**, entendiendo que la autonomía digital no aparece de golpe, sino que se entrena, se acompaña y, poco a poco, se confía.

Controles parentales: por qué sí, cómo y hasta cuándo

Hablar de controles parentales suele generar reacciones bastante extremas. Para algunos son la salvación absoluta; para otros, una especie de prisión digital que arruina cualquier atisbo de confianza. Y, como casi siempre, la realidad está en un punto intermedio bastante más sensato.

Los controles parentales **no son el enemigo**, ni una señal de que no confiamos en nuestros hijos. Tampoco son una solución mágica que permita desentenderse del acompañamiento. Son, sencillamente, **ruedas de apoyo**. Y como pasa con la bici, tienen sentido al principio, ayudan a evitar caídas graves... pero no están pensadas para quedarse para siempre.

Por qué sí a los controles parentales

Al inicio de la vida digital, los adolescentes (y los niños) no tienen todavía criterio suficiente para gestionar todos los riesgos que existen online, los adultos muchas veces tampoco pero es un tema que puede herir sensibilidades y no lo voy a tocar aquí. No porque sean irresponsables, sino porque **nadie nace sabiendo** y porque el entorno digital es complejo incluso para muchos adultos.

Los controles parentales ayudan a:

- Proteger de contenidos inadecuados cuando aún no se tiene madurez para gestionarlos. No se trata de censurar el mundo, sino de adaptar el acceso a la etapa vital en la que se encuentra el adolescente. Igual que no todo libro, película o experiencia es adecuada a cualquier edad, en lo digital también hace falta un filtro temporal mientras se aprende a interpretar lo que se ve.
- Limitar tiempos de uso mientras se aprenden hábitos saludables. El objetivo no es vigilar el reloj ni convertir el móvil en un enemigo, sino ayudar a construir rutinas equilibradas. Dormir bien, estudiar, moverse, aburrirse un poco y socializar fuera de la pantalla también forman parte del aprendizaje digital.
- Reducir riesgos evidentes sin necesidad de estar vigilando constantemente. Bien configurados, los controles permiten que el adulto no tenga que estar encima todo el tiempo, lo

cual reduce tensiones y discusiones. No es control constante, es prevención básica para evitar sustos innecesarios.
- Dar un marco claro de seguridad que transmite cuidado, no desconfianza. Cuando se explican bien, los controles envían un mensaje muy concreto: "me importa tu bienestar y quiero ayudarte a crecer con seguridad". No hablan de sospecha, hablan de acompañamiento estructurado.

Bien usados, los controles no sustituyen la educación, pero **la refuerzan**. Son una red de seguridad mientras se aprende a caminar.

Cómo usarlos sin convertirlos en un campo de batalla

El gran error no suele ser usar controles parentales, sino **cómo se introducen**. Cuando aparecen de golpe, sin explicación y sin diálogo, se perciben como castigo o invasión. Y ahí empiezan los conflictos.

Algunas claves importantes:

- Explicarlos desde el principio. Decir claramente para qué sirven, qué hacen y qué no hacen.
- Pactarlos siempre que sea posible. No imponerlos como una orden militar, sino como un acuerdo de cuidado mutuo.
- Ajustarlos a la edad y al nivel de madurez, no solo al número de años.
- Revisarlos juntos de vez en cuando, explicando cambios y escuchando opiniones.

El mensaje de fondo debería ser algo así como: *"No es porque no confíe en ti, es porque todavía estás aprendiendo y yo estoy aquí para ayudarte."*

Hasta cuándo tienen sentido

Esta es la parte que más cuesta... a los adultos.

Los controles parentales **no están pensados para quedarse eternamente**. Si no se reducen con el tiempo, dejan de educar y empiezan a controlar. Y ahí pierden todo su valor pedagógico.

Conforme el adolescente demuestra responsabilidad, respeta normas, gestiona tiempos, pide ayuda cuando algo no va bien, los controles deberían:

- Relajarse progresivamente.
- Convertirse más en acuerdos que en bloqueos técnicos.
- Dejar paso a la autorregulación y a la confianza.

Soltar no significa desaparecer. Significa **cambiar de rol**: de vigilante a acompañante, de controlador a referente.

Un buen indicador de que va llegando el momento de reducir controles no es la ausencia total de errores, sino la **capacidad de reconocerlos, hablarlos y aprender de ellos**.

En definitiva, los controles parentales son una herramienta útil cuando se usan con sentido, diálogo y fecha de caducidad mental. No educan por sí solos, pero bien integrados pueden ser un gran apoyo para que la autonomía digital crezca con menos golpes y más confianza.

Pactos, normas y revisión progresiva

Si los controles parentales son las ruedas de apoyo, los pactos y las normas son **el manual de instrucciones compartido**. No un documento legal de treinta páginas, sino acuerdos claros que todo el mundo entiende, recuerda y puede revisar sin necesidad de abogado.

La diferencia entre una norma impuesta y un pacto acordado es enorme. La primera suele cumplirse por miedo o por obligación; el segundo, cuando está bien planteado, se cumple porque tiene sentido. Y eso, en educación digital, marca toda la diferencia.

Por qué los pactos funcionan mejor que las prohibiciones

Las prohibiciones absolutas tienen un problema muy serio: generan ganas de saltárselas. Especialmente en la adolescencia, donde cuestionar límites forma parte natural del crecimiento.

Un pacto, en cambio:

- Da voz al adolescente y le hace sentirse parte del proceso.
- Permite explicar el porqué de las normas, no solo el qué.
- Favorece la responsabilidad frente a la obediencia ciega.
- Reduce conflictos porque las reglas no aparecen de la nada.

No se trata de negociar todo ni de convertir cada conversación en una asamblea interminable, sino de **acordar lo esencial** y dejar claro que las normas existen para proteger, no para fastidiar.

Cómo crear pactos digitales realistas

Un buen pacto digital no debería ser perfecto, sino **posible**. Algunas ideas clave:

- Pocas normas, pero claras. Mejor cinco bien entendidas que quince imposibles de recordar.
- Normas concretas, no abstractas. "No abuses del móvil" no significa nada; "el móvil se queda fuera de la habitación por la noche" sí.
- Consecuencias conocidas de antemano. No castigos improvisados en caliente.
- Espacio para revisar y cambiar. Lo que funciona a los 12 no siempre funciona a los 15.

También es importante dejar claro que un pacto no es inamovible, pero tampoco se renegocia cada día. Tiene una duración, se prueba y se revisa.

La revisión progresiva: crecer implica cambiar reglas

Aquí está uno de los puntos más importantes... y más difíciles.

Si un adolescente cumple los acuerdos, demuestra responsabilidad y gestiona mejor su vida digital, **las normas deben evolucionar**. Mantener exactamente los mismos límites durante años manda un mensaje peligroso: "da igual lo que hagas, no confiamos más en ti".

La revisión progresiva implica:

- Ajustar horarios y límites conforme aumenta la autonomía.
- Sustituir bloqueos técnicos por acuerdos verbales.

- Pasar de supervisión directa a conversaciones periódicas.

Esto no significa que todo se relaje de golpe. Significa que la confianza se gana paso a paso y se traduce en más libertad… y también en más responsabilidad.

Cuando un pacto no funciona

A veces, aunque esté bien planteado, un pacto falla. Y eso no significa que todo esté perdido.

Puede ser necesario:

- Revisar si las normas eran realistas.
- Ajustar expectativas por ambas partes.
- Recordar el objetivo del pacto.
- Volver temporalmente a límites más claros si hay problemas.

Lo importante es que el error no rompa el diálogo. Los pactos no están para demostrar quién manda, sino para **aprender a convivir en lo digital sin dramas innecesarios**.

En definitiva, pactar no es ceder autoridad, es ejercerla de una forma más inteligente. Las normas que se explican, se acuerdan y se revisan enseñan mucho más que las que simplemente se imponen.

Esto va contigo, adolescente

Vale, ahora hablemos claro y sin rodeos. Esta parte es solo para ti.

Cuando tus padres o los adultos con los que convives hablan

de pactos, normas y revisiones, **no están intentando fastidiarte la vida digital** ni quitarte diversión porque sí. La mayoría de las veces están intentando algo bastante complicado: cuidarte en un entorno que cambia rápido y que ellos mismos no terminan de dominar.

Un pacto no significa que no confíen en ti. De hecho, suele significar justo lo contrario. Significa que creen que ya puedes opinar, decidir y asumir parte de la responsabilidad. Si no confiaran nada, no habría pactos: habría órdenes y punto.

Las normas claras te ahorran muchos problemas, aunque ahora no lo parezca. Saber qué se espera de ti, qué límites hay y qué pasa si se rompen evita discusiones eternas y castigos improvisados. Y sí, a veces las normas pueden parecer exageradas... pero casi siempre nacen del miedo a que algo vaya mal, no de ganas de controlar.

La revisión progresiva es clave para ti. Cada vez que cumples un acuerdo, gestionas mejor tu tiempo o hablas cuando algo se te va de las manos, estás enviando un mensaje muy potente: *"puedo con esto"*. Y ese mensaje, con el tiempo, suele traducirse en más libertad.

También es importante que entiendas algo: pedir cambios con calma funciona mucho mejor que exigirlos enfadado. Explicar cómo te sientes, qué te gustaría cambiar y por qué crees que estás preparado abre muchas más puertas que una discusión a gritos.

En resumen: los pactos no son una jaula, son un entrenamiento. No están para frenarte, sino para ayudarte a llegar a un punto en el que **ya no hagan falta**. Y cuanto antes demuestres que puedes manejar tu vida digital con cabeza, antes empezarán a sobrar.

Aprender a soltar sin desaparecer

Esta es, probablemente, una de las partes más difíciles de todo el acompañamiento digital. No por falta de ganas, sino porque **soltar da vértigo**. Mucho. Especialmente cuando lo que está en juego son personas a las que queremos y un entorno, Internet, que no siempre entendemos del todo.

Aprender a soltar no significa dejar de preocuparse, ni mirar hacia otro lado, ni decir "ya se apañará". Significa cambiar la forma de estar presentes. Pasar de un control constante a una **presencia disponible**, de la vigilancia a la confianza acompañada.

Para muchos adultos, soltar se siente casi como una irresponsabilidad. Pero en realidad es justo lo contrario: es una decisión educativa consciente. Nadie aprende a ser autónomo si nunca tiene espacio para tomar decisiones propias... ni para equivocarse un poco.

Estar cerca sin estar encima

Acompañar sin controlar implica estar ahí, pero no invadir. Estar disponibles sin estar constantemente presentes. Saber lo suficiente como para detectar señales de alerta, pero no tanto como para convertir cada gesto digital en un interrogatorio digno de una sala de interrogatorios.

Estar cerca no significa saberlo todo, ni revisar cada mensaje, ni conocer cada conversación. Significa crear un clima en el que el adolescente **sabe que puede acudir** si algo le incomoda, le preocupa o se le va de las manos. Y eso, paradójicamente, se consigue mucho mejor cuando no se siente vigilado todo el tiempo.

Algunas claves prácticas para lograr ese equilibrio:

- **Interesarse sin espiar.** Preguntar cómo van las cosas, qué apps usan ahora, qué les gusta ver o crear, qué tendencias les llaman la atención. No para fiscalizar, sino para entender su mundo digital. Cuando el interés es genuino y no suena a control, suele generar conversación, no defensas.
- **Escuchar más de lo que se habla.** A veces el mayor apoyo no es dar consejos rápidos ni soluciones inmediatas, sino dejar espacio para que el adolescente se explique con sus propias palabras. Escuchar sin interrumpir, sin corregir y sin dramatizar ayuda mucho más de lo que parece.
- **Mantener conversaciones abiertas, no solo cuando hay un problema.** Hablar de lo digital también cuando todo va bien normaliza el tema y reduce la tensión. Si solo se saca el móvil como tema cuando hay un conflicto, el mensaje implícito es que Internet es sinónimo de problemas.
- **Aceptar que no siempre contarán todo.** Y eso no es un fracaso educativo. Forma parte del proceso de crecer. Saber que no cuentan todo, pero que podrían hacerlo si lo necesitan, es una señal de que el acompañamiento va por buen camino.

Estar cerca sin estar encima no es una postura cómoda. Requiere paciencia, autocontrol y aceptar cierta incertidumbre. Pero es precisamente ese espacio el que permite que la confianza se construya de verdad y que la autonomía digital empiece a desarrollarse sin miedo.

Confiar no es cerrar los ojos

Soltar no es desentenderse. Aunque a veces lo parezca y aunque dé la sensación de que uno está caminando sin red. La confianza no es ciega, no es un "haz lo que quieras y ya veremos", ni tampoco un acto de fe digno de película épica. La confianza es **activa**: se construye, se revisa y se ajusta.

Confiar implica observar sin invadir, acompañar sin asfixiar y estar disponibles si algo no va bien. No significa ignorar señales, ni fingir que todo está perfecto porque así es más cómodo. Significa estar atentos, pero tranquilos. O al menos intentarlo.

Confiar significa, en la práctica:

- Creer que el adolescente puede tomar buenas decisiones, aunque no siempre las tome. Porque nadie toma siempre buenas decisiones. Ni siquiera los adultos que ahora asienten muy convencidos leyendo esto.
- Aceptar que cometer errores forma parte del aprendizaje. Errores pequeños, errores medianos y algún error que luego se contará como anécdota incómoda en el futuro. Aprender sin errores no existe, por mucho que nos gustaría.
- Saber que, si algo se complica, habrá espacio para hablarlo. No un juicio, no un interrogatorio, sino una conversación real.

Cuando un adulto transmite confianza, también transmite algo muy poderoso: *"confío en ti, incluso cuando te equivocas"*. Ese mensaje, aunque no siempre se diga en voz alta, se nota. Y suele tener más impacto educativo que cualquier norma, cualquier castigo o cualquier aplicación de control instalada en silencio.

Confiar no elimina los riesgos, pero sí construye algo mucho más valioso a largo plazo: una relación en la que el adolescente sabe que puede fallar, aprender y volver a intentarlo sin miedo a desaparecer del radar emocional del adulto.

Cuando cuesta soltar (que suele costar)

Seamos sinceros: soltar cuesta. A veces mucho. Y es normal. No es una sensación rara ni una exageración; es una reacción bastante lógica cuando has pasado años cuidando, protegiendo y anticipándote a posibles problemas.

Detrás de esa dificultad hay miedos reales: miedo a los riesgos, a las malas influencias, a que ocurra algo importante y no enterarse a tiempo, a que una decisión mal tomada tenga consecuencias que no se puedan deshacer. Son miedos comprensibles y bastante universales. Reconocerlos no nos hace peores educadores ni menos competentes; nos hace humanos, responsables y conscientes de lo que implica acompañar a alguien que está creciendo.

El problema aparece cuando esos miedos empiezan a marcar todas las decisiones y **se convierten en control permanente**. Cuando el miedo toma el mando, la intención de proteger puede acabar transmitiendo desconfianza, incluso aunque no sea lo que se pretende. Por eso es tan importante poner esos miedos sobre la mesa, hablarlos y, cuando sea posible, explicarlos con calma.

Compartir lo que preocupa ayuda mucho a que el adolescente entienda de dónde vienen ciertas normas o límites. No los convierte automáticamente en fans de la decisión, pero sí reduce la sensación de arbitrariedad y mejora la comprensión mutua.

Decir algo como "esto me preocupa", "no siempre sé hacerlo

mejor" o "estoy aprendiendo contigo" suele abrir más puertas que cualquier discurso autoritario, cualquier orden tajante o cualquier intento de imponer control sin explicación. Mostrar vulnerabilidad, lejos de debilitar la autoridad, suele hacerla más cercana y más creíble.

Soltar también educa

Cada pequeño espacio de autonomía es una oportunidad de aprendizaje real. No teórica, no ideal, sino práctica y a veces un poco caótica. Elegir cuándo usar el móvil, decidir qué compartir y qué no, gestionar un conflicto online, pedir ayuda cuando algo no va bien o incluso equivocarse y asumirlo son habilidades que **solo se desarrollan si existe margen para practicarlas**.

Si todo está siempre decidido, filtrado o corregido desde fuera, el aprendizaje se queda a medias. Se obedece, pero no se interioriza. Por eso soltar, aunque incomode, es una parte fundamental del proceso educativo digital.

Soltar poco a poco enseña responsabilidad, criterio y autocontrol, pero también algo igual de importante: confianza en uno mismo. Cuando un adolescente nota que se le da espacio, entiende que se espera algo de él o de ella. Y esa expectativa suele generar más madurez que cualquier norma rígida.

Además, la autonomía no aparece de golpe. No es un interruptor que se enciende de un día para otro. Es más bien una escalera: a veces se sube un peldaño, a veces se baja medio, y a veces hay que parar a descansar. Soltar permite que ese proceso ocurra de forma natural, sin prisas artificiales ni exigencias irreales.

Con el tiempo, este proceso también transforma el papel del adulto. Poco a poco deja de ser quien dirige cada paso para convertirse en alguien que observa, orienta y acompaña cuando hace falta. No desaparece, pero ya no ocupa todo el espacio.

En definitiva, aprender a soltar no es perder influencia. Es cambiarla. Es pasar de controlar cada movimiento a **convertirse en referencia**, en apoyo y en lugar seguro al que acudir cuando surgen dudas, errores o decisiones difíciles. Y ese cambio, aunque a veces cueste, es uno de los mayores logros del acompañamiento digital bien hecho.

Responsabilidad digital paso a paso

La responsabilidad digital no aparece de repente, como si un día el adolescente se levantara diciendo: "Hoy ya sé usar Internet perfectamente". Ojalá. Pero no. La responsabilidad se **construye poco a poco**, a base de experiencia, errores, acompañamiento y conversaciones incómodas pero necesarias.

Pensarla como un proceso por pasos ayuda mucho, tanto a padres como a adolescentes, porque quita presión. No se trata de hacerlo todo bien desde el principio, sino de ir mejorando con el tiempo.

Primer paso: entender que todo tiene consecuencias

Este suele ser el punto de partida. Cada acción digital deja rastro, genera impacto y puede tener efectos que no siempre son inmediatos.

Para adolescentes: no todo lo que ocurre online se queda online. Un comentario, una foto o un mensaje enviado en caliente puede viajar más de lo que imaginas. No es para asustar, es para que entiendas que **lo digital también es real**.

Para adultos: repetir esto sin dramatismos funciona mejor que convertir cada error en una tragedia. La conciencia llega antes cuando no va acompañada de miedo.

Segundo paso: aprender a decidir antes de publicar

Aquí aparece una habilidad clave: **pararse un segundo**. No mucho más. Un segundo suele ser suficiente. Sobre el papel parece fácil. En la vida real, cuando hay emoción, prisas o ganas de contestar YA, no lo es tanto. Es mucho más fácil decirlo que hacerlo, y conviene recordarlo para no exigir perfección.

Preguntas simples ayudan más que discursos largos:

- ¿Esto lo subiría si supiera que lo van a ver más personas?
- ¿Me sentiré cómodo con esto dentro de un tiempo?
- ¿Estoy publicando porque quiero o porque espero una reacción?

Para adolescentes, aprender a hacerse estas preguntas es un superpoder digital, aunque al principio cueste acordarse de usarlas. Para adultos, acompañar este proceso sin sarcasmo ni "te lo dije", entendiendo que nadie acierta siempre a la primera, es igual de importante.

Tercer paso: gestionar errores sin esconderlos

Los errores van a ocurrir. En serio. A todos.

La clave no es evitarlos a toda costa, sino **qué se hace cuando aparecen**:

- Reconocerlos.

- Hablarlos.
- Repararlos si es posible.
- Aprender algo para la próxima vez.

Para adolescentes, pedir ayuda cuando algo se ha ido de las manos es una señal de madurez, no de debilidad.

Para adultos, reaccionar con calma cuando eso ocurre aumenta muchísimo las probabilidades de que vuelvan a pedir ayuda en el futuro.

Cuarto paso: ganar autonomía poco a poco

La responsabilidad crece cuando la confianza también lo hace. Y esto, aunque suene muy lógico sobre el papel, en la práctica suele generar bastantes dudas, nervios y alguna que otra noche dándole vueltas al asunto. Más libertad no llega porque sí, no aparece de golpe ni se concede por cumplir años como si fuera un premio automático. Llega cuando se demuestra criterio, constancia y capacidad para gestionar pequeñas decisiones sin que todo se convierta en un drama.

Ganar autonomía implica aceptar que el control absoluto no educa a largo plazo y que, poco a poco, es necesario dejar espacio para que el adolescente tome decisiones reales. Decisiones que a veces saldrán bien y otras no tanto. Y sí, esto es mucho más fácil decirlo que hacerlo, sobre todo cuando se quiere proteger y evitar errores. Pero sin margen de decisión no hay aprendizaje real.

En la práctica, este paso suele traducirse en cambios progresivos y muy concretos:

- Menos controles técnicos y más acuerdos verbales. No

porque los controles fueran un error, sino porque han cumplido su función inicial. Ahora toca confiar un poco más en la palabra, en el compromiso y en la capacidad de autorregulación que se ha ido construyendo.

- Más decisión sobre tiempos y contenidos. Elegir cuándo usar el móvil, cuánto tiempo dedicarle y qué tipo de contenido consumir o crear empieza a formar parte de la responsabilidad personal. No siempre se acertará, pero ahí es donde entra el aprendizaje.
- Más responsabilidad sobre las propias elecciones. Entender que cada decisión digital tiene consecuencias, buenas o malas, y que asumirlas forma parte de crecer.

Este paso no es un regalo ni una concesión gratuita. Es una consecuencia lógica del proceso educativo. Se basa en la idea de que, cuando alguien demuestra que puede manejar más libertad, lo coherente es dársela. Y cuando todavía no está preparado, no pasa nada por ir más despacio.

Para los adolescentes, ganar autonomía es una oportunidad para demostrar que pueden con ello. Para los adultos, es un ejercicio de confianza, paciencia y, a veces, de morderse la lengua. Pero cuando se hace bien, este paso marca un antes y un después en la relación digital: menos control, más diálogo y una sensación compartida de crecimiento real.

Quinto paso: saber cuándo pedir ayuda

Ser responsable digitalmente no significa hacerlo todo solo. De hecho, intentar gestionarlo todo sin apoyo suele ser una de las formas más rápidas de acabar metido en un lío innecesario.

En un entorno digital tan cambiante, complejo y a veces

bastante confuso, **pedir ayuda es una habilidad**, no una señal de debilidad. Saber decir "esto no lo tengo claro", "esto me incomoda", "no sé cómo reaccionar" o "necesito que me eches una mano" demuestra mucho más criterio que fingir que todo está bajo control cuando no lo está.

Pedir ayuda implica reconocer límites, y eso cuesta. Especialmente en la adolescencia, donde muchas veces existe la presión de parecer seguro, independiente o autosuficiente. Pero la realidad es que **nadie lo sabe todo**, y menos aún cuando hablamos de redes sociales, conflictos online, privacidad o situaciones incómodas que aparecen sin previo aviso.

Aquí es importante recordar algo fundamental: adultos y adolescentes están en el mismo equipo. No en bandos opuestos, no en una competición de quién sabe más, sino intentando resolver juntos situaciones que, muchas veces, son nuevas para todos. La responsabilidad digital no consiste en aguantarlo todo en silencio ni en solucionarlo todo sin apoyo, sino en **saber cuándo apoyarse en otros y en quién confiar**.

Para los adolescentes, pedir ayuda a tiempo puede evitar que un problema pequeño se haga enorme. Para los adultos, responder a esa petición con calma, escucha y sin reproches aumenta muchísimo las probabilidades de que vuelvan a hacerlo en el futuro.

En definitiva, saber cuándo pedir ayuda no es dar un paso atrás, es avanzar con más cabeza. Es entender que la autonomía digital no va de estar solo, sino de saber **con quién contar cuando hace falta**.

Y desde el aula, ¿qué puede hacer el profesorado?

Aunque este capítulo esté más orientado a familias y adolescentes, el profesorado también juega un papel clave en este equilibrio entre acompañar y no controlar. Y no, no hace falta ser experto en tecnología, redes sociales ni la última app de moda para poder ayudar. De hecho, muchas veces lo más útil no es saber más, sino **saber estar**.

Desde el aula, los docentes pueden convertirse en referentes tranquilos, coherentes y accesibles en temas digitales, incluso sin ponerse el gorro de "especialista". Algunas ideas prácticas:

- **Normalizar las dudas digitales.** Cuando un alumno plantea una situación incómoda online, no hace falta tener la respuesta perfecta. Frases como "no es una situación sencilla", "vamos a pensarlo juntos" o "esto nos puede pasar a cualquiera" reducen la vergüenza y abren espacio al diálogo.
- **Favorecer la reflexión, no el control.** El aula no es el lugar para vigilar móviles ni fiscalizar conductas digitales personales, pero sí para plantear preguntas, escenarios y dilemas que ayuden a pensar antes de actuar. Educar no es espiar.
- **Reforzar la idea de pedir ayuda.** Recordar de forma explícita que acudir a un adulto de confianza cuando algo online incomoda no es chivarse ni exagerar, sino cuidarse. El profesorado puede ser uno de esos adultos accesibles.
- **Coordinarse con las familias cuando sea necesario.** No para alarmar ni señalar, sino para acompañar mejor. Cuando escuela y familia reman en la misma dirección, el mensaje llega con mucha más claridad.
- **Mostrar coherencia digital.** Igual que en casa, en el aula el

ejemplo importa. Cómo se habla online, cómo se gestionan conflictos, cómo se responde ante errores... todo comunica, incluso cuando no se pretende.

En definitiva, el profesorado no necesita tener todas las respuestas ni controlar la vida digital del alumnado. Su papel es ofrecer contexto, calma y criterio. A veces, simplemente ser ese adulto que escucha sin juzgar ya es una ayuda enorme. Y eso, aunque no siempre se vea, también educa.

Un recordatorio final (para todos)

La responsabilidad digital no se mide por no cometer errores, sino por **cómo se gestionan**, cómo se hablan y qué se aprende de ellos después. Equivocarse forma parte del proceso, tanto en lo digital como en la vida en general. No se trata de hacerlo todo bien a la primera, ni de tener siempre la reacción perfecta, sino de desarrollar la capacidad de parar, reflexionar y actuar con un poco más de criterio cada vez.

Ser responsable digitalmente no significa ser impecable, sino ser consciente. Consciente de que las decisiones online importan, de que tienen impacto y de que siempre existe la posibilidad de mejorar. También implica ser flexible: entender que lo que hoy funciona quizá mañana haya que ajustarlo, y que crecer supone revisar ideas, normas y hábitos sin dramatismos.

La autonomía digital no aparece de golpe ni llega envuelta en papel de regalo. Se construye poco a poco, conversación a conversación, experiencia a experiencia y, sí, también error a error... partido a partido como diría un conocido entrenador de fútbol del Atlético Madrid en el momento de escribir este libro. A veces con avances claros, otras con pequeños retrocesos que enseñan más de lo que parece en el momento.

Cuando el acompañamiento se basa en la confianza, el diálogo y la disponibilidad, y no solo en el control, la autonomía deja de dar miedo. Empieza a tener sentido, se vuelve manejable y, con el tiempo, se convierte en una herramienta poderosa para moverse por el mundo digital con cabeza, criterio y cierta tranquilidad compartida.

12

Mirando al futuro: tecnología, identidad y personas

Cerrar el círculo con una mirada optimista y realista

Llegamos al último. Y sí, este es ese momento en el que uno mira todo lo recorrido, respira hondo y piensa: "Vale, después de todo esto... ¿y ahora qué?". Porque hablar de tecnología, identidad digital, riesgos, normas y acompañamiento está muy bien, pero la gran pregunta siempre es cómo encaja todo esto en el futuro real que ya está aquí.

Este capítulo no pretende dar respuestas definitivas ni fórmulas mágicas, como en el resto del libro. No existen. Lo que sí intenta es cerrar el círculo con una idea clara: **la tecnología no es el problema, ni tampoco la solución a todo**. Es parte del mundo en el que vivimos, nos guste más o menos, y aprender a convivir con ella de forma sana es una tarea compartida.

Aquí hablaremos de por qué Internet no es el enemigo, de por qué educar para un mundo conectado es más sensato que intentar apagarlo, de la importancia de pensar y decidir con criterio y, sobre todo, de algo que a veces olvidamos en medio de pantallas y algoritmos: que ser buena persona sigue siendo igual de importante... también online.

No es un capítulo para asustar, ni para idealizar el futuro como si todo fuera maravilloso. Es una invitación a mirar hacia delante con realismo, confianza y un punto de esperanza. Porque el futuro digital no se trata solo de tecnología, sino de personas.

Internet no es el enemigo

A veces hablamos de Internet como si fuera un villano de película: oscuro, peligroso y siempre al acecho, con música inquietante de fondo y todo. Pero la realidad es bastante menos cinematográfica y bastante más cotidiana. Internet no es bueno ni malo por sí mismo. Es una herramienta enorme, potente y llena de posibilidades... y como cualquier herramienta, **todo depende de cómo se use**, de quién la use y con qué intención.

En Internet ocurren cosas maravillosas todos los días: se aprende, se crea, se conecta gente que nunca se habría conocido de otra forma, se comparten ideas, se descubren vocaciones y se construyen proyectos increíbles desde una habitación cualquiera. También se piden ayudas, se encuentran comunidades y se siente compañía en momentos en los que el mundo físico se queda corto. Todo eso también es Internet, aunque a veces no salga en los titulares.

Por supuesto, también ocurren cosas desagradables. Hay conflictos, abusos, desinformación y situaciones que nadie querría vivir. Pero eso no convierte a la red en el enemigo, del mismo modo que una ciudad no se vuelve inhabitable solo porque existan riesgos. La clave no está en huir del entorno, sino en **aprender a moverse por él con criterio**, igual que hacemos en cualquier otro espacio de la vida.

Educar no consiste en enseñar a tener miedo de Internet, sino en aprender a entenderlo. El miedo paraliza, genera rechazo y corta el diálogo. El conocimiento, en cambio, protege, da herramientas y permite tomar mejores decisiones. Cuando todo se plantea desde el miedo, lo digital se convierte en un tema prohibido; cuando se plantea desde la comprensión, se convierte en una oportunidad educativa.

Para los adolescentes, entender esto es clave: la red no está diseñada para hacerte daño, pero tampoco para cuidarte. No es una madre, ni un profesor, ni un amigo que vela por ti. Es un entorno. Y moverse bien por un entorno requiere atención, criterio y cierta dosis de aprendizaje a base de prueba y error. Saber esto no quita libertad; la hace más segura.

Para los adultos, el reto está en dejar de ver Internet como un bloque homogéneo y amenazante y empezar a distinguir contextos, usos y posibilidades. No es lo mismo crear que consumir, no es lo mismo compartir que observar, no es lo mismo informarse que dejarse arrastrar. Cuanto más matizada es la mirada adulta, más fácil resulta acompañar sin dramatizar.

Cuando dejamos de demonizar la tecnología, el diálogo se vuelve mucho más fácil. Y curiosamente, también más eficaz. Porque hablar de algo sin miedo permite escuchar mejor, explicar mejor y, sobre todo, educar mejor en un mundo que no va a desconectarse por mucho que a veces nos apetezca apagar el router y fingir que nada de esto existe.

Educar para un mundo que no se va a desconectar

Una verdad incómoda pero necesaria: **Internet no se va a apagar**. No va a desaparecer, ni a reducirse mágicamente, ni a quedarse solo para adultos responsables que leen las condiciones de uso completas y aceptan cookies con plena conciencia. Está aquí para quedarse y seguirá evolucionando, queramos o no, a una velocidad que además suele ir bastante por delante de nuestra capacidad de adaptarnos a ella.

Por eso, educar hoy no puede basarse en la idea de "ya aprenderá cuando sea mayor" o "esto es solo una fase". La vida digital forma parte de la vida real desde edades muy tempranas, y aprender a convivir con ella es tan importante como aprender a cruzar una calle, gestionar el dinero o entender que no todo lo que brilla es oro. El entorno digital no es un añadido opcional: es uno de los escenarios principales donde se construyen relaciones, identidad y experiencias.

Educar para un mundo conectado implica asumir varias realidades que no siempre son cómodas, pero sí necesarias:

- Los adolescentes vivirán experiencias digitales que los adultos no controlarán del todo, por mucho que nos gustaría tener un mapa completo.
- Habrá errores, malentendidos y situaciones incómodas, porque aprender siempre implica equivocarse.
- El aprendizaje no será lineal ni perfecto: habrá avances, retrocesos y momentos de frustración compartida.

Aceptar esto no significa rendirse ni mirar hacia otro lado. Significa cambiar el enfoque. En lugar de aspirar a un control total, que además suele ser imposible, el objetivo pasa a ser acompañar, orientar y ofrecer herramientas para que, poco a poco, cada persona pueda tomar mejores decisiones por sí misma.

Intentar desconectar a alguien del mundo digital como estrategia educativa suele generar más problemas que soluciones. Provoca desconexión emocional, fomenta el secretismo y rompe el diálogo. Enseñar a conectarse mejor, en cambio, abre la puerta a la autonomía, al criterio y a la responsabilidad. No elimina los riesgos, pero sí prepara para afrontarlos con más cabeza, más calma y más recursos.

Pensar, decidir y crear con criterio

Uno de los grandes retos del futuro digital no es tecnológico, sino mental. Vivimos rodeados de estímulos constantes, opiniones inmediatas, contenidos infinitos y decisiones que parecen urgentes aunque casi nunca lo son. Todo sucede rápido, muy rápido, y pensar antes de actuar se ha convertido casi en un acto revolucionario. En un entorno que empuja a reaccionar, pararse a reflexionar es casi un superpoder.

Desarrollar criterio digital significa aprender a frenar un segundo antes de hacer clic, compartir o responder. No para vivir con miedo o desconfianza permanente, sino para entender mejor lo que ocurre a nuestro alrededor y decidir con algo más de cabeza y algo menos de impulso.

Tener criterio digital implica, poco a poco, aprender a:

- No creerse todo lo que se ve o se lee, aunque venga acompañado de muchos likes o de un titular muy convincente.
- Entender por qué algo aparece en tu pantalla: quién lo

ha creado, con qué intención y por qué el algoritmo ha decidido enseñártelo a ti.

- Elegir qué consumir y qué no, aceptando que no todo merece tu tiempo, tu atención ni tu energía.
- Decidir cuándo participar y cuándo pasar de largo, sin sentir que siempre hay que opinar, responder o estar presente.

Para los adolescentes, esto supone un cambio importante: pasar de reaccionar impulsivamente, porque algo molesta, divierte o provoca, a **elegir conscientemente** qué hacer con ello. No es fácil, y nadie nace sabiendo hacerlo. Requiere práctica, errores y muchas conversaciones internas del tipo "¿merece la pena?" o "¿esto dice algo bueno de mí?".

Para los adultos, desarrollar criterio digital implica aceptar una realidad menos cómoda: el criterio no se impone por decreto. No se instala con una charla seria ni con una norma escrita en mayúsculas. El criterio se entrena. A veces con conversaciones tranquilas, a veces dando ejemplo, y a veces permitiendo que alguien se equivoque un poco y aprenda de ello. Aunque cueste. Aunque dé vértigo.

Crear con criterio es el siguiente paso natural. No se trata solo de consumir lo que otros hacen, sino de aportar algo propio al entorno digital: una idea, un proyecto, una reflexión, un contenido que diga algo de quién eres y de cómo piensas. Crear obliga a pararse, a estructurar ideas y a pensar en el impacto de lo que se comparte.

Además, crear ayuda a entender mejor el medio digital. Cuando uno deja de ser solo espectador y pasa a ser creador, gana perspectiva: comprende mejor cómo funcionan las plataformas, por qué ciertas cosas se difunden y otras no, y cómo se construyen los mensajes. Todo eso refuerza el criterio y contribuye a una identidad digital más sólida, coherente y auténtica.

Pensar, decidir y crear con criterio no significa hacerlo todo perfecto. Significa hacerlo con intención. Y en un mundo digital que empuja constantemente a la reacción automática, eso ya es un avance enorme.

Ser buena persona también online

Puede parecer obvio, casi de manual de convivencia básica, pero no siempre lo llevamos a la práctica: **las normas esenciales de ser buena persona no se desactivan al encender una pantalla**. El respeto, la empatía, la responsabilidad y el cuidado hacia los demás no dependen del medio, aunque a veces Internet nos haga creer lo contrario. No existe un "modo avión" para los valores.

En el entorno digital, donde no vemos la cara del otro, donde no escuchamos el tono de voz y donde todo parece más rápido y menos personal, es fácil olvidar que al otro lado hay alguien real. Alguien con emociones, con un día bueno o malo, con inseguridades, con contexto. Ser buena persona online consiste, precisamente, en **no olvidar eso cuando es más fácil hacerlo**.

Ser buena persona en Internet no significa ser perfecto, ni decir siempre lo correcto, ni vivir con miedo a equivocarse. Significa aplicar el mismo criterio que usaríamos cara a cara, pero con un poco más de cuidado, porque el impacto puede ser mayor y durar más tiempo. En la práctica, esto se traduce en cosas muy concretas:

- Pensar cómo pueden afectar nuestras palabras antes de enviarlas, especialmente cuando estamos enfadados o reaccionando en caliente.
- No participar en burlas, humillaciones o ataques, aunque estén normalizados, tengan likes o parezcan "solo una broma".
- Saber parar cuando una conversación no aporta nada bueno y solo genera ruido, tensión o malestar.
- Reconocer errores y pedir perdón cuando toca, algo que en Internet cuesta el doble pero vale el triple.

Para los adolescentes, esto implica comprender algo fundamental: **la distancia digital no elimina la responsabilidad emocional**. Que no veas la reacción del otro no significa que no exista. Un comentario, una risa compartida o un silencio cómplice pueden afectar más de lo que parece. Entender esto no es una limitación, es una señal de madurez.

Para padres y profesorado, este punto es especialmente importante por una razón muy clara: **el ejemplo enseña más que cualquier discurso**. Los adolescentes no solo escuchan lo que decimos; observan cómo comentamos una noticia, cómo respondemos a alguien que piensa distinto, cómo hablamos de otros en redes o en grupos de mensajería. Y sí, también cómo gestionamos nuestras propias meteduras de pata digitales.

Si un adulto predica respeto pero escribe comentarios agresivos, comparte mensajes hirientes o ridiculiza a otros online, el mensaje real que transmite no es el que cree. En cambio, cuando un adulto muestra autocontrol, empatía y capacidad de rectificar, incluso públicamente, está enseñando una lección poderosa sin necesidad de palabras.

Ser buena persona online y offline no son dos cosas distintas.

Son la misma, aplicada en contextos diferentes. La identidad digital no se construye solo con lo que se publica, sino con **cómo se interactúa, cómo se responde y cómo se cuida a los demás**. Y todo eso, sin excepción, deja huella.

En un mundo cada vez más conectado, educar en tecnología sin educar en valores se queda corto. Y educar en valores sin aplicarlos en lo digital, también.

Mirar hacia delante sin miedo

Mirar hacia delante en el mundo digital no va de tenerlo todo bajo control, ni de sabérselo todo, ni mucho menos de evitar cualquier riesgo como si la vida viniera con manual de instrucciones plastificado. Va, más bien, de aceptar una verdad incómoda pero liberadora: **no podemos controlarlo todo, y tampoco pasa nada**.

El futuro digital no es un examen sorpresa que haya que aprobar con nota. Es un camino largo, lleno de decisiones pequeñas, aprendizajes continuos y algún que otro tropiezo. Tropiezos que, dicho sea de paso, forman parte del aprendizaje tanto online como offline, aunque a veces nos cueste admitirlo.

La tecnología va a seguir cambiando. Mucho. Cuando creemos que ya entendemos una red social, aparece otra. Cuando por fin dominamos una app, la actualizan y ya no encontramos el botón que usamos ayer. Y cuando pensamos que "esto ya no puede ir más rápido", Internet responde con una carcajada y acelera un poco más. Así es el juego.

Pero en medio de todo ese cambio constante hay algo sorprendentemente estable: las personas. Sus necesidades, sus miedos, sus ganas de pertenecer, de expresarse y de ser vistas y escuchadas. Por eso, aunque las plataformas cambien, **los valores que nos ayudan a movernos por ellas siguen siendo los mismos**: diálogo, confianza, criterio, empatía y humanidad.

Mirar hacia delante sin miedo no significa mirar sin cautela. Significa no vivir permanentemente en modo alarma. Significa entender que educar en lo digital no va de poner barreras cada vez más altas, sino de construir puentes cada vez más sólidos. Puentes que permitan hablar, preguntar, equivocarse y aprender sin que todo se convierta en un drama digno de sobremesa familiar.

Para los adolescentes, este mensaje es importante: no se espera que lo hagáis todo perfecto. Nadie lo hace. Se espera que aprendáis, que preguntéis cuando algo no encaja y que sepáis que, aunque a veces parezca que los adultos no entienden nada, en el fondo están intentando ayudar... aunque no siempre lo hagan con la mejor puntería.

Para padres y profesorado, mirar al futuro con calma implica aceptar que educar hoy es más complejo que nunca, pero también más necesario. Implica confiar un poco más, escuchar un poco mejor y entender que acompañar no es vigilar cada paso, sino estar disponibles cuando hace falta. Aunque cueste. Aunque dé vértigo. Aunque a veces tengamos ganas de apagar el WiFi y mudarnos al monte.

El optimismo realista no es pensar que todo saldrá bien automáticamente. Es saber que contamos con herramientas, experiencia, conversaciones previas y relaciones suficientes para afrontar lo que venga con algo más de serenidad. Y eso, en un mundo hiperconectado, ya es una gran ventaja.

Este capítulo no pretende cerrar nada de forma definitiva. Al contrario. Lo deja abierto a propósito, porque la educación digital no se completa, no se termina y no se archiva en una carpeta con nombre bonito. **Se adapta, se revisa, se discute... y se vive**. Día a día. Con pantallas. Y, por suerte, también sin ellas.

13

Lo importante sigue siendo lo mismo

Llegados a este punto, lo normal sería cerrar el libro con una gran conclusión brillante, una frase épica o una sensación de "misión cumplida". Pero la realidad es otra, bastante más sencilla y, quizá por eso, más honesta.

Si has llegado hasta aquí, seguramente lo has hecho con dudas, con preguntas y con esa sensación tan habitual de "¿lo estaré haciendo bien?". Y conviene decirlo desde el principio: **esa duda no es un problema, es una señal muy clara de que te importa**. Y cuando algo te importa, ya estás haciendo mucho más de lo que crees.

A lo largo de estas páginas hemos hablado de huella digital, identidad, riesgos, errores, conversaciones incómodas, controles, normas, pactos y futuro. Hemos repetido ideas (sí, algunas más de una vez, porque soy pesado y porque lo importante suele necesitar repetirse). Pero, en el fondo, todo gira alrededor de algo muy simple: personas intentando cuidar de otras personas en un mundo cada vez más conectado.

No existe la familia perfecta ni el profesorado perfecto. Tampoco existe el adolescente que siempre toma buenas decisiones, reflexiona antes de publicar y revisa la privacidad con entusiasmo. Y menos mal. Aprender siempre ha sido un proceso imperfecto, lleno de ensayo y error, de conversaciones torpes y de silencios que llegan antes de las palabras.

Educar en lo digital no va de tener todas las respuestas. Va de estar disponibles. De escuchar incluso cuando no entendemos del todo. De decir "no lo sé, pero lo miramos juntos". De equivocarse, rectificar y volver a intentarlo. Y sí, a veces también va de respirar hondo antes de reaccionar… que eso tampoco nos sale siempre bien.

La tecnología no va a desaparecer. Las pantallas seguirán ahí. Las redes cambiarán, las modas pasarán y los algoritmos harán de las suyas. Pero hay algo que no cambia: **la necesidad de sentirse acompañado, comprendido y respetado**. Eso sigue siendo el centro, también online.

Quizá el mayor aprendizaje de todo este camino no sea aprender a configurar una app o detectar un riesgo concreto, sino entender que acompañar no es controlar y que confiar no es desentenderse. Es caminar al lado, aunque a veces el ritmo no coincida y aunque en ocasiones den ganas de apagar el router y fingir que vivimos en 1995.

Si eres madre, padre o docente, recuerda esto: tu ejemplo pesa más de lo que imaginas. No por ser perfecto, sino por ser coherente, humano y capaz de reconocer errores. Y si eres adolescente y estás leyendo esto (sí, tú), que sepas algo importante: cuando los adultos se preocupan, casi nunca es para fastidiar. Normalmente es porque quieren ayudarte… aunque no siempre sepan cómo hacerlo sin liarla un poco.

Este libro no pretende cerrar ningún debate ni ofrecer soluciones definitivas. Pretende algo mucho más modesto y, a la vez, más necesario: **invitar a pensar, a hablar y a acompañar**

con un poco más de calma y un poco menos de miedo.

Porque al final, entre tanta tecnología, pantallas y cambios constantes, lo importante sigue siendo lo mismo de siempre: personas cuidando de personas. Y eso, por suerte, todavía no hay algoritmo que lo sustituya.

www.ingramcontent.com/pod-product-compliance
Lightning Source LLC
LaVergne TN
LVHW040428051026
849517LV00002B/505